ヒトラー爆殺未遂事件1939

「イデオロギーなき」暗殺者ゲオルク・エルザー

Georg Elser | Der einsame Attentäter

Der Mann, der Hitler töten wollte

Helmut Ortner
ヘルムート・オルトナー
須藤正美◆訳

白水社

ヒトラー爆殺未遂事件1939

――「イデオロギーなき」暗殺者ゲオルク・エルザー

カバー表1写真：Interfoto/アフロ
ゲオルク・エルザー
カバー表4写真：1939年11月9日、ヒトラー爆殺未遂事件の翌朝の「ビュルガーブロイケラー」
(撮影：ワーグナー)CC-BY-SA 3.0

ジェニファーに

ヒトラー爆殺未遂事件1939——「イデオロギーなき」暗殺者ゲオルク・エルザー

目次

生はすべての者を等しくし
死は傑出した者を顕にする

ジョージ・バーナード・ショー
〔『革命家のための箴言』（一九〇二年）より「名声」〕

第1章 逮捕

国境はうっすらと夕霧に包まれていた。税官吏のクサーヴァー・ライトリンガーは藪の向こうの格子フェンスを見やった。アーク灯の光を浴びていくらか不気味な様相を呈している。「椅子を取ってこよう。そうすればここで見張りをしながら演説もよく聴こえるからな」。ライトリンガーはそう言うと歳若いツァップファーを呼び寄せた。二日前にあてがわれた助手だった。ツァップファーは二脚の椅子を窓の外に移動させた。二人で無言のまま座る。カービン銃は外壁に立てかけておいた。これなら監視地区全体が見渡せる。そこはヴェッセンベルク孤児院の庭だった。国境に沿った長さ二五〇メートル、幅五〇メートルほどの草地で、越境可能な地点ではない。「緑の国境」。税官吏たちはこの細長い地所をそう呼んでいる。

クサーヴァー・ライトリンガーがこの仕事を始めてから四年になる。これまで特筆すべき出来事は一度も起きなかった。しかし戦争が始まってから、逃亡兵がスイス側に逃げ込むケースが出始めた。折に触れて彼はそうした違法出国者を逮捕する自分を想像する。そんなとき彼はじっくり考えてみる。

この願望は長時間におよぶ退屈な巡回業務のせいなのだろうか、それともこれまで見たこともないような、胸躍らせることが起きてほしいという彼の密かな欲求の現れなのだろうかと。ひょっとするとこの願望の裏に潜んでいるのは、ただの承認欲求なのかもしれない。でもいつかは自分の仕事ぶりを人から褒めてもらいたい。そう望まない者がいるだろうか？　だが国境で何も起きないとしたら、褒めてもらえるはずもない。ライトリンガーは何時間も国境のフェンスに沿って巡回し、代わり映えのしない家並みや樹々、そして丘を眺めながら、倦むことなく何度もこの夢想を反芻した。そうしていると時間が止まったかのように思えた。妻相手に自分の夢や願いを話して聞かせることもあった。彼は何週間か前の朝食のテーブルで、実際に見た夢について話した。それは一人の男を逮捕する夢だった。「あなたには気晴らしが必要だわね。何かしないとあなたの夢物語はいつまで経っても終わらないわよ」。妻は頭を振り振り、夫にそう忠告した。

そのとき彼は朝食を済ますと、非番にもかかわらず、わざわざ税関事務所まで出かけて行った。監視長に自分の見た夢を話すためだった。「夜勤でもしたらどうだ。何か起きるとしたら昼間よりは夜だろう」。上司のトラープマンはそう助言してくれた。五〇歳にはとても見えない小太りの監視長がそのとき語ったのは、数年前に彼自身が一人の同僚とともに違法出国者を二名、下のクロイツリング門のところで捕まえたという話だった。「奴らはちょうどフェンスを乗り越えようとしていたんだが、こっちの方が速かった」。いかにも誇らしげだ。「でもそれで何をもらえた？　よくやったなって握手をされただけさ」。トラープマンは自嘲するような笑みを浮かべた。

この件はもう忘れかけていたのだが、昨日になってライトリンガーは監視長の執務室に呼び出された。トラープマンは彼に、今でも夜勤に代わる気はあるかと訊いた。一人欠員が出たというのだ。ライトリンガーは一も二もなく承諾した。朝の八時から一二時まで、ツァップファーと二人で午前の勤務に就く。日々の仕事だ。その後は夜八時までが自由時間で、夜勤開始の三〇分前に税関の隣の「獅子亭」に集まる。そこで話題となるのはたいてい政治で、ドイツ人には生存圏が必要だといったことが語られた。店の主人が大声で「当然だろ。それ以外に我々のような大民族をどうやって養えというんだ？」とがなる。若いツァップファーが頷いて同意を示す。

その店で食事をとったあと、そろって税関に入り、カービン銃を棚から取り出す。ライトリンガーはさらに監視長から暗視スコープも受け取る。そして各自おもむろに持ち場に向かうのだ。「今晩は退屈しないで済む。ビュルガーブロイケラー〔ミュンヘンのビアホール〕で総統閣下の演説があるからな」。国境のフェンスに沿ってゆっくり歩きながらライトリンガーがツァップファーに言う。「あの女上司とは話はついている。ラジオを聴いていてもいいってさ」

今二人は開け放った窓の外の椅子に座り、国境の草地を見渡している。薄い霧が辺りを覆っていた。孤児院では職員たちが全身を耳にして国民受信機〔ナチス政権が普及に力を入れたラジオ〕から流れるヒトラーの演説に聞き入っていた。殺風景な部屋の壁には総統の肖像写真が掛けてあった。明かりが灯っている。「そもそもここって、明かりをつけてはいけないのでは？」。驚いた顔でツァップファーが言う。一定のリズムで頭を左右に動かしていたライトリンガーは、暗視スコープを目から離した。「今日は反対側の明かりを消す日なんだ。毎晩変えているのさ。これも敵のことを考えた作戦だ。ここコンスタンツでは敵の勝手にはさせない。そういう規則でね。今日の消灯があっちなら、明日はこっちというわけなんだ……」。ツァップファーはそんな質問はしなければよかったと思った。税官吏になろうとする者ならだれでも知っていなくてはならない常識だ。しかしライトリンガーからは深く追求されなかったので、ツァップファーは安堵した。

国民受信機からはヒトラーの力強い声が轟いていた。「われわれの意志は不屈である、かつて国内の権力闘争においてそうであったように、外国との戦いにおいても決して屈することはない。当時私は諸君に繰り返し語った。あらゆることが想定されるが、われわれの降伏だけはありえない、と。私は国民社会主義者として、今また、世界に向けて宣言することができる。あらゆることが想定されるが、ドイツの降伏だけはありえないのだ！　誰かが私に、そうなれば戦争が三年も続くことになると言うなら、私の答えはこうだ。どれほど長引こうがそんなことはどうでもよい、ドイツの降伏は決してありえない！　現時点においても、そして永劫の未来においても……」

「ありえない！」。部屋の誰かが続きを叫んだ。その場の聴衆たちは掌で木製テーブルを叩いて賛意を示した。ライトリンガーとツァップファーはどちらかというと物思いに浸っているような表情で、二人とも無言のままだった。壁の時計は八時半を指していた。そうこうするうちに霧が晴れ、視界が広がった。スイス側では街灯がふたつ灯っていて、円錐形をした光が国境のフェンスにまで届いていた。ライトリンガーが左に視線を走らせる。一瞬、幻のように男の姿が浮かんだような気がした。それはスイスに向かって動いていた。誰かいるのだろうか？　彼は双眼鏡を取り出した。幻ではなかった。男は今、立ち止まって、用心深く辺りを窺っている。

ライトリンガーはツァップファーを肘で小突いて、双眼鏡を渡した。「見てみろ、あそこに誰かいるだろ？」

ツァップファーは双眼鏡を目に当てた。「行ってみましょう。怪しいですね……」

ライトリンガーが無愛想に答える。「いや俺が行く。お前はここで待っていろ」。これは自分の仕事だ。責任者はこの俺だ。彼はつと立ち上がると、テラスからフェンスの近くの梨の木を目指して歩いて行った。男はあいかわらず身動《みじろ》ぎもせずに立っている。辺りの物音に聞き耳を立てているようだった。

ライトリンガーは足音を忍ばせて男の背後から近づいた。「ハロー！」。大声で呼びかける。「どこに行くんだ？」

男はギョッとして振り向いた。しどろもどろになりながら言う。「ど、ど、どうも、道に迷ったみたいで」

ライトリンガーは相手の顔を覗き込んだ。面長で穏やかな顔立ち、無髭《むし》、臆病な眼つき。ライトリンガーは一メートルほど下がって、この相手を睨《ね》めつけた。小柄で痩せている。外套を羽織っていたが帽子はかぶっていない。軽くウェーブした髪を櫛で後ろになでつけている。どうやら思ったほど危険な相手ではなさそうだ……。

男は最初驚いていたが、すぐに平静を取り戻したようだった。落ち着いた声でもう一度、道に迷ってしまったことを強調した。「フォイヒトゥルフーバーという人を探していたんですが、もうどこに行ったのやら、見当もつきません」

ライトリンガーは一瞬、混乱した。こんなところにうっかり迷い込むなんてことがあるだろうか。

意図的にここに来たとしか思えなかった。こんなに暗い中、いったい誰が国境地点をさまよい歩くと言うのか？「まあ、ここで探しても無駄だろう。誰もおらんよ」。彼は事務的に答えた。「身分証はあるか。ちょっと見せてみろ」

男はすぐに反応して、上着の左ポケットに手を伸ばす。ライトリンガーはこの見知らぬ男の手の動きを注視していた。武器でも取り出す魂胆なのか？　この俺に不意打ちを喰らわすつもりか？　彼は息を詰めた。男はようやく赤茶けた国境通行証を取り出した。ライトリンガーはすぐに懐中電灯の光を当ててみて、その通行証がとうに期限切れになっていることに気づいた。コンスタンツの役所が交付したもので、有効期間は一九三三年から三五年まで、名義人はゲオルク・エルザーとなっていた。

「これは本当にあんたなのか？」。ライトリンガーが疑うような声で訊いた。通行証の写真には若い男が写っていた。民族衣装を着て、アコーディオンを抱えている。

「ええ、私です」。男はそう答えると、ことさらに頷いてみせた。

ライトリンガーはツァップファーの方を振り向いた。あいかわらず窓の前の椅子に座り、ライトリンガーからの指図を待っている。どうにも合点がいかない。この男はとうてい危険人物には見えなかった。むしろ気弱なタイプと言ってもいいほどだ。しかしその一方で、この男がただの人畜無害な越境者とも考えづらかった。数週間前に似たシーンが夢に出てこなかっただろうか？　あれは今のこの状況とほとんど同じだったのでは？　夢の中でも俺は違法な越境者を捕まえたのではなかったか？あれは予知夢だったのだろうか？

彼はまた男の方を向いた。「あんたは本当にアコーディオンが弾けるのか？」。関心があるふうを装ってそう訊いてみる。

「ええ、アコーディオンは私が夢中になっている楽器です。弾くのが大好きなんですよ」。男は軽く笑みを浮かべて答えた。

今やライトリンガーははっきりと自覚した。うまくトラブルにならないようにして、ゲオルク・エルザーと名乗るこの男を監視事務所に連行しなくてはならない。できるだけ面倒を起こさせずに。彼は安心させるようにエルザーの肩を軽く叩いて言った。「これはただの形式上の手続きなんだ。私と一緒に事務所まで来てくれ。そこに古参の同僚がいるから、きっとあんたが探している相手のことを教えてくれるだろう」。痩せた男は頷いたが、心ここに在らずといった様子だった。ライトリンガーはツァップファーに声をかけた。「俺はこれからこの男といっしょに監視事務所に行く。お前はここで座って待っていてくれ。すぐに戻るからな」。ツァップファーは上司に了解の合図を返した。彼にとっては好都合だった。引き続き座って総統閣下の演説を聴くことができるからだ。

ライトリンガーは男に右側を歩くよう求めた。それには理由があった。クロイツリング大通りの税関までは、優に一五〇メートルはある。狭い小道と平行する形で、左手のわずか二五メートルのところを国境が走っている。右側には木柵で仕切られた庭が並んでいる。したがって右側に逃げ道はない。後戻りも不可能だった。ツァップファーを持ち場に留まらせたのは理由があった。つまり後戻りしようにも、男は待ち構えているツァップファーの腕の中に逃げ込むしかないのだ。それでもライトリンガーは、何事もなく税関に到着してホッとした。今日の当直だった国境警官のマウアーは引き締まった体軀のゲシュタポだが、その彼が新鮮な空気を吸うためにちょうど建物から出てきたところだった。

「おい、マウアー、ちょっと来てくれ！」とライトリンガーが声をかけた。「この男がフォイヒトゥルフーバーとかいう相手を探しているんだ。下の国境で迷ったらしい。フォイヒトゥルフーバーって知ってるか？」

マウアーは面白くなさそうな顔でドアを指した。「とにかく中に入ろう」

税関支部は二階建ての貧相な建物だった。二階にはライトリンガーが嫌っている税官吏のシュトラウバーが住んでいる。何となく気に食わない相手で、いつも威張り散らし、自慢ばかりする男だった。とはいえ大して実害があるわけではなかった。ライトリンガーが仕事で彼とやりとりすることはほとんどなかったからだ。この建物には入口が二つある。一つは二階のシュトラウバー宅の玄関、もう一つは税関取調室の入口だった。取調室は二部屋で、机と電話、椅子、書類棚が置かれた質素で殺風景な部屋だった。そこの壁にもヒトラーの肖像写真が掛けてあった。

ライトリンガーはマウアーに赤色の国境通行証を見せた。「もう一度この男の聴取をしてほしい。こっちは持ち場に戻らなきゃならないんでね」

マウアーは怒って睨んできた。「俺にお前の尻拭いをさせるつもりか？　この男にしろ、フォイヒトゥル何とかって奴にしろ、俺に何の関係があるって言うんだ……」。マウアーはそう言いながらムッとした表情のまま国境通行証を男に突き返した。

ライトリンガーは肩をすくめて言った。「そんなのは知ったことか。この男をここまで連れてきた。あとはあんたらの出番だろう……」

「そんなら税関本部に行くとするか。あそこの部屋ならここより明るいからな。ここは暗くてかなわん」。そう呟くとマウアーは薄ぼんやりとした光を投げかけている天井灯を指した。男たちは三人で建物を後にした。ライトリンガーが先頭に立ち、監視員たちに比べてかなり小柄に見える男が後に続いた。ここ数分、一言も発していないこの男の後ろをマウアーが歩いた。

税関本部の建物はドイツ領の一番外れに位置しており、一五メートルも進めば、もうそこはスイスだった。国境の遮断棒はなく、スイスの税関職員がよく彼らの税関の前に立っていた。以前は互いに雑談もしたし、寒い冬の晩には温かい紅茶やタバコを分け合ったりもしたものだ。国籍は違えど、いわば同職同士だったのだ。しかしここ数年は交流も絶え、特に開戦後は言葉を交わすことすらなくなっていた。両国の税関吏は無言のまま、互いに敵同士として対峙していた。

今ライトリンガーとマウアーが男を税務署に引き立てていく様子も、スイス人たちからずっと監視されていた。「中に入れ！」とライトリンガーが命じる。男は黙って階段の前に立ち、スイス側に視線を向けた。逃げるつもりか？　すばやい身のこなしで数歩走れば逃げこむことができるだろう。ライトリンガーは有無を言わさずに男の背中を押してドアをくぐらせた。それからマウアーに少しこの男を見ていてくれと頼み、隣室の監視長に来意を告げた。監視長は執務室で国民受信機から流れるヒトラー演説に耳を傾けていた。

「トラープマンさん、どうやら私は大手柄を立ててしまったようなんです。来てください、調べる必要のある男がいるんです」。ライトリンガーはいくらか誇らしげな様子で部屋に入って行った。二人とも思わず笑ってしまった。何週間か前の会話を覚えていたのだ。例の願望夢のことだ……。

「よろしい、じゃあどんな奴か、拝見するとしよう」とトラープマンは答え、椅子から立ち上がると先頭に立って取調室に向かった。

そこに男は立っていた。おどおどした様子で周囲を見ている。制服を着た三人の男たち、マウアーとトラープマンとライトリンガーが彼を監視していた。

トラープマンが彼の方に歩いて行った。「ではまず上着とズボンを脱いで、ポケットの中にあるものをぜんぶ出せ」

男はためらいながらポケットの中身を空にして、一つ一つ机の上に並べていった。ハンカチ、国境通行証、国民社会主義ドイツ労働者党（ナチ党）のスタンプが押されたミュンヘンのビュルガーブロイケラーの絵葉書、五ライヒスマルク紙幣の入った札入れ、そして真鍮製の部品の数々――ゼンマイや小ネジ、それから小さなアルミ管だった。

「なんだ、これは？」。ライトリンガーが部品類を指さして言った。

「えーと、これは……」。彼はつっかえつっかえ説明した。「実はそのう、趣味なんです、ものを作るのが。いつもこういうのを作っていて、だからいろいろ集めているんです……」

憤慨してトラープマンが口を挟んだ。「ぴんたを喰らわせてやろうか！　俺が知らないとでも思っているのか？」

男は黙っている。そしてゆっくり服を脱ぎ始めた。男は淡い色の、やや着古したスーツを着ていた。彼が上着をドアのフックに掛けようとしたとき、ライトリンガーは襟の折り返しの徽章に気づいた。握った拳を象《かたど》った赤色戦線戦士同盟の徽章だった。

「なぜこれをつけているんだ？」。トラープマンが尋ねた。

「えーと、まあ、若気の至りで」。男は弱々しい声で答えた。

「それになんでお前は党の消印のついたビュルガーブロイの絵葉書をもっているんだ？」

「共感できるからです！」

首を振りながら、ライトリンガーとトラープマン、マウアーは顔を見合わせた。こいつはいったい何者だ？　国境の暗がりで道に迷い、有効期限の切れた国境通行証を携行している。ポケットには爆弾の起爆装置に使えそうな怪しい部品の数々。おまけに上着の折り返しには非合法の共産党系団体のバッジ。狂人？　ほら吹き？　それとも本当にただ国境で道に迷っただけの人畜無害なやさ男？

トラープマンは電話口に行き、助手オーベルツの番号をダイヤルした。「すぐにゲシュタポを呼んでくれ。連行して欲しい奴がいるんだ。これは彼らの管轄だ……。それからこのテーブルの上にあるものをぜんぶ詰めておいてくれ」。そう彼は簡潔に命じ、マウアーとともに取調室を出た。

ライトリンガーは隣の部屋に戻った。ここに来たとき、そこに自分のローデン製の外套、カービン銃と暗視スコープを置いておいたのだ。ふたたび任務に就く準備をすると、彼はドアの隙間越しにさっきの部屋を覗いた。一時間ほど前に彼が国境の草地で捕まえた男が立っていた。下着だけの姿にされ、寒さに震えて、おどおどしている。途方に暮れているようだった。一瞬、二人の視線が交わった。

ライトリンガーは税関の建物を後にした。暗がりを歩いて自分の持ち場に戻っていくと、そこではツァップファーが彼を待っていた。

あの男は何者だろう？　この問いが頭をよぎる。いったい何者なんだ、あのゲオルク・エルザーとかいう男は？

第2章 暗殺

ミュンヘンのビュルガーブロイケラーにバーデンヴァイラー行進曲が轟き渡る。歓声が上がり、制服に身を包んだ三〇〇〇人の男たちからは怒濤のようなハイル（万歳）の合唱が巻き起こった。会衆の気分は沸点に達した。すでに二時間前から一階席と二階席はいずれも大勢の客たちで埋まっていた。ウェイトレスが休む間もなく、喉の乾いた客たちになみなみと注がれた一マース（約一リットル）のビアジョッキを運んでいた。二〇時。ざわめきがひときわ高まる。総統閣下の登場だ。

ミュンヘン、一九三九年一一月八日。ヒトラーは数年前から、この日に「運動の中心都市」ミュンヘンで「古参闘士たち」〔一九三三年の政権獲得以前からの古参ナチス党員らを指す呼称〕と会うことを常としていた。これは一九二三年一一月九日に、ヒトラーの早すぎた国民革命のために命を落とした一六名の「殉教者」を偲ぶためだった。国民社会主義者たち〔ナチス〕が政権の座に就いてから、この「運動に殉じた人々の追悼日」はナチスの年間行事のなかでも特に重要な日付のひとつとなっていた。

失敗に終わったクーデターから一〇年後の一九三三年一一月八日と九日に、ヒトラーは初めて信奉者たちを集めた席で、一九二三年の死者たちの追悼式を執り行なった。そのとき彼は次の言葉で演説の口火を切った。「私は一〇年前、止むに止まれぬ思いに衝き動かされて行動に打って出た。それは一九一八年一一月の恥辱を雪《そそ》ぐためであった」。あの一一月九日という日付に着せられた「やり損ねた革命」という汚名を引きはがし、代わって果敢なる「国民的行動」という美名をまとわせること。これが以来、恒例となったビュルガーブロイケラーにおけるヒトラーの一一月演説のライトモチーフとなった。彼のプロパガンダ的な意図もこれに合致していた。この意図についてはヒトラー自身が一九三六年の演説でこう明かしている。「私は今は亡き彼らを国民社会主義運動の最初の殉教者たちとしたい。彼ら一六名は、一〇年後にようやく現実となる定めのまったく新しい理念を信奉し、そのために斃《たお》れた男たちである。彼ら一六名は、まったく新しい御旗《みはた》のもとに行進し、誓いを立て、この誓いを自らの血でもって完遂した男たちなのだ。この一六名はこのうえない犠牲を支払った。彼らが残した功績は、幾世紀、幾千年紀を超え、未来永劫にわたって、国民社会主義ドイツ労働者党および全ドイツ国民から追悼されるべき、そして繰り返し想起されるべきものである」

一九二三年の一一月八日と九日にはいったい何が起きたのだろう？　全ドイツ国民が想起すべきものとはいかなる出来事だったのか？　どのような追憶が古参闘士らをこのホールに参集させたのか？　一九三九年一一月八日の今、彼らは褐色のシャツ姿でここに犇《ひしめ》き合い、自分たちの指導者である総統がその演説によって、毎年恒例となった式典の口火を切る瞬間を今や遅しと待っている。ミュンヘンの労働者居住区であるハイトハウゼンに建つこのビュルガーブロイケラー。その地味なファサードの奥に設《しつら》えられたこのビアホールは、当時の出来事といかなる関係があるのか？　いったい何がここを崇拝すべき聖地としたのか？

一九二三年一月。フランスとベルギーの部隊がドイツ帝国に侵攻してルール地区を占領したとき、特に激昂したのが愛国主義者たちだった。彼らはそうでなくともベルサイユ条約が締結された結果、政治的アイデンティティを深く傷つけられていたのだ。第一次世界大戦の戦勝国によって課された巨額の賠償金は、ドイツにインフレと大量失業をもたらした。それによって特に労働者階級がダメージを受け、彼らの社会的状況は日増しに悪化していた。経済、社会、政治、そのいずれも安定を欠いていたこの時期に、反共和制を掲げるグループや連合体が多数結成された。それらの団体はワイマール憲法を歓迎せず、社会民主主義者たちを敵視した。彼らはなによりも、ドイツは自らの国防力を取り戻し、「名誉ある」対外政策を展開し、国防軍に支えられた強力な政府によって国家主権を回復しなくてはならないとする考えに衝き動かされていた。

バイエルン自由州では政府が一九二三年九月二六日に非常事態宣言を発出し、グスタフ・フォン・カール州首相は州総督の地位に任じられた。ドイツの愛国者を自認し、その政治的野心はとうにバイエルンの州境を越えてドイツ全土を狙いとしていたフォン・カールは、混沌とした状況が広がれば、遠く離れた首都ベルリンでも国防軍が自分の計画に連動してくれるはずだと踏んで、ひたすらそれを待っていた。民族主義・保守勢力との接触と秘密裡の会談はすでに行われていた。このフォン・カールに国防軍少将〔オットー・〕フォン・ロッソウとバイエルン治安警察長官ハンス・リッター・フォン・ザイサーを加えたバイエルン三巨頭は、「バイエルンの自由」を守り、祖国ドイツを反逆的な共和政権から解放したいとする点で、見解の一致をみていた。

しかも彼らは孤立していたわけではなかった。複数の武装連合が味方に付いていたので、国防軍の一部が合流してくれさえすれば、彼ら言うところの「とうに機は熟していた革命」の狼煙《のろし》をバイエルンから上げ、整然と、首尾よく完遂できるはずだったのだ。

一方、ヒトラー、ゲーリング、レームを中心とする勢力もそう考えていた。彼らは国民社会主義陣営ならびに急進右派の「闘争同盟」に参集したグループで、やはり政権転覆を狙っていた。行動の主導権を奪われないために、ヒトラーとその信奉者たちは、フォン・カールとその同志らの機先を制することを固く決意していた。フォン・カールらが有利な決行日と考えたのが一九二三年一一月八日だった。この日にカールは、ハイトハウゼン地区のビュルガーブロイケラーで予定されていた「民族系」団体の大集会の場で、自らの政治方針を説明するつもりだったのだ。彼はこの日を熟慮のうえで決定した。ちょうど五年前、一九一八年の一一月八日にドイツ皇帝ヴィルヘルム二世の退位が宣告され、その翌日に社会民主党のシャイデマンが共和国の樹立を宣言した。つまり民族主義者の側から見れば、それはドイツ史における最大の恥辱が起きた日だったのだ。

ヒトラーとその信奉者たちはクーデターを慎重に準備した。ミュンヘン郊外の秘密兵器庫からは、参加部隊を武装化するために拳銃や小銃、手榴弾が運び出された。クーデターを決断したのは極右の小部隊などではなく、数多くの連合や部隊、中隊で、それらが間近に迫った戦闘行為に備えていた。その内訳は突撃隊ミュンヘン連隊が一五〇〇名で、指導者レームは配下の兵士たちと夜間演習を行うという口実のもとに、事前に必要な武器類を公然と調達していた。そこに同じく突撃隊に所属していた「アドルフ・ヒトラー衝撃隊」の一二五名、突撃隊南バイエルン部隊の三〇〇名、オーバーラント連合（かつての義勇軍オーバーラント団）の二〇〇〇名の戦士たちが加わった。「帝国軍旗団」は歩兵隊を二部隊派遣した。さらに「ミュンヘン戦闘同盟」も出撃に備えていた。

州総督フォン・カールがミュンヘン市民を畏れているという印象を避けるべく、主催者側はビュルガーブロイケラーでのイベントの警備を必要最低限のものに抑えてしまった。近在の二つの駐在所は、集会警備のためにそれぞれ一三名が増員された。ビュルガーブロイからわずか五〇〇メートルの距離にあった兵営にはさらに四五名の警官たちが配備された。イベント会場での平穏と秩序を守るべく、ミュンヘンの中央派出所の警官三〇名が動員されていた。会場内には集会の警備のために約一五〇名が配置されており、そのサポート役の一二名の刑事たちが会場の一階席と桟敷席で持ち場についていた。警備の警官たちの多くがナチ党員であった。

カールが一九一八年の一一月革命に対して舌鋒鋭く批判する演説を始めようとしたまさにそのとき、ヒトラーは支持者とともに一台の赤いベンツでビュルガーブロイケラーに向かっていた。到着したのは二〇時直前だった。ヒトラーは幹部警官たちに、入場できずビアホール前の広場に溢れていた参加者たちを退去させるよう命じた。ヒトラーにはいかなる命令権もなかったのだが、警官たちは群衆を脇道に追いやり始めた。その後、「アドルフ・ヒトラー衝撃隊」の各部隊が複数のトラックに分乗して到着した。ビュルガーブロイケラーは彼らによって包囲され、封鎖された。いよいよ真打ちの登場である。ルドルフ・ヘス、ヘルマン・ゲーリングをはじめとする武装した同志たちに囲まれて、ヒトラーが装填済みのリボルバーを片手に、超満員の会場に足を踏み入れる。動揺が広がる。おおぜいの参加者が横手のドアを通って我先に会場から出ようとした。しかし無駄だった。すでに叛乱者たちはすべての出入り口を封鎖しており、殺到する人々に向かって機関銃を構えていたのだ。

黒のフロックコートに身を包んだヒトラーは、この騒ぎを鎮めるために天井に向けて一発発砲した。それから立ち並ぶテーブルを縫って演壇に駆け寄り、フォン・カールを突き飛ばし、叫んだ。「たった今、国民革命が勃発した！　この会場は重武装した六〇〇名の同志たちによって占拠された。誰一人ここから去ってはならない！……国防軍の兵営も州警察も占領された。国防軍と州警察はすでにハーケンクロイツの旗下に加わっている」

だがこれははったりだった。国防軍の兵営も州警察も占領などされておらず、ハーケンクロイツ旗をなびかせて兵士や警官たちがビュルガーブロイケラーに向かっているというのも嘘だった。それがその晩にヒトラーがビュルガーブロイケラーで行った最初の演説だった。演説の後で彼は、ロッソウ、カール、ザイサーの三名に、隣室に来るよう命じた。ヒトラーはピストルをもっていて、どうやら撃つ気満々だったので、彼らはおよそ一五分間、しぶしぶヒトラーの話を聞いた。ヒトラーは三人に最後通牒を突き付けた。「だれでも自分が置かれた立場を受け入れねばならない。それを拒めばその者の存在理由はない。諸君は私とともに戦い、ともに勝利するか、さもなくばともに死ぬかしかないのだ。ことが不首尾に終わったときのために、ピストルに四発の弾丸がこめてある。三発は私を見限った諸君のため、最後の一発はこの私のための弾丸だ！」。ヒトラーの隣にはがっしりとした護衛のウルリヒ・グラーフが機関銃を構えて立っていた。屠畜場の販売所で肉屋をしている人物である。部屋の窓の外では突撃隊（ＳＡ）の部隊が巡回していた。

そうこうするうちに会場は静まっていた。ゲーリングが群衆を落ち着かせた。「静粛に、静粛に！　飲むビールはあるだろう！」。彼は繰り返しそう叫んだのだ。会衆たちは興奮し、同時に怯えた様子で待っていた。何が起きるのかと。突然ヒトラーがまた演壇に姿を現した。カール、ロッソウ、ザイサーとの交渉が進まず、その部屋を出てきたのだ。「静かにしないなら、桟敷席に機関銃を配備するぞ！」。彼は会場に向かって大声を張り上げた。それから反乱に反対する人々を自分たちの陣営に引き入れるために、さらなる演説を始めた。このときの数分間の演説をその場に居合わせたある男性が次のように述懐している。「彼はこのうえなく静かに、いささかの高揚も見せずに語り始めました。『今ここで起きていることはけっしてカールに敵対するものではない。自分はカールに全幅の信頼を寄せており、彼をバイエルンの州務代行者に叙任したいと考えている。しかしそれと同時に新政府も樹立されねばならない。その顔ぶれはルーデンドルフ、ロッソウ、ザイサー、そしてこの私だ』。これまでの人生で、そんなふうに群衆の気分がわずか数分、いや数秒で一変してしまうのを私は見たことがありません……」

ヒトラーは政府の解散を宣告した。「本日中にミュンヘンで新政府の樹立が宣言される。ドイツを崩壊へともたらした犯罪者たちとの決着がつくまでは、自分が臨時政府の指揮を執るつもりである。新政府ではルーデンドルフが国防軍総裁、ロッソウが国防大臣、ザイサーが全国警察大臣をそれぞれ務めることになる。この臨時政府の使命は、バイエルンその他、国内各地の全勢力を結集し、悪徳の府ベルリンへと向かい、ドイツ民族を救済することである」。ヒトラーは「カール、ロッソウ、ザイサーに新政府への参加を説得することは容易ではなかったが、三名とも結局は承諾してくれた」と述べ、ホールに詰めかけていた人々に問いかけた。「諸君はこのドイツ問題の解決に賛同するか？」と。群衆は大声で賛意を表明した。

ルーデンドルフ将軍も喝采を送った。三人とばったり会って気まずい思いをしないように、彼は遅れてビアホールに到着した。きっちり制服に身を包み、勲章をすべて佩用《はいよう》して現れた将軍は、自分が一兵卒アドルフ・ヒトラーの隣で脇役を演じることを明らかに自覚していなかった。にもかかわらず彼は宣言した。「自分はこの国民政権に協力を惜しまない。かつての革命によって帝政時代の黒白赤の花形冒章から奪われた栄誉を奪回するつもりである。これはドイツ史における転換点であり、この輝かしき壮図には必ずや神の祝福があるであろう」。次いで、ロッソウ、ザイサーとともにホールに戻ることが許されていたカールが起立して登壇した。「最大の艱難《かんなん》に見舞われているこの瞬間に、私は五年前かくも恥ずべきやり方で打倒された君主国の総裁として、バイエルンの国務の指揮を引き受ける所存である。自分は重苦しい気分のもとにこれを行うものである。願わくば、我らが郷土バイエルンと我らが愛する祖国ドイツに神の祝福のあらんことを！」

拍手喝采が巻き起こる。群衆は感激し、全員が閉会のドイツ国歌斉唱に加わった。

クーデターの成功が確信され、ただちに次のような公示が行われた。「ドイツ国民に告ぐ！　一一月革命の犯罪者どもの政府は、本日をもって解散を宣告され、臨時のドイツ国民政権が樹立された。その布陣はルーデンドルフ将軍、アドルフ・ヒトラー、フォン・ロッソウ少将、およびフォン・ザイサー大佐である」

その後ヒトラーは勝利に酔いしれて、取り巻きたちとホールを後にした。ルーデンドルフ将軍が引き続き現場の部隊を引き受けた。将軍は、ナチス叛乱派の面々が後で怒り狂うことになるが、新政権への賛同を強要された三名の男たちを、彼らの誓約に反して持ち場に戻らせてしまった。

カールは自由の身になるとすぐに、バイエルン国防軍総裁のロッソウとともに第一九歩兵連隊の宿営に急いだ。そこで二人はヒトラー一揆への強いられた参画をその夜のうちに撤回した。国防軍ミュンヘン守備隊が政府転覆を企んだ者たちに対して動員され、国民社会主義ドイツ労働者党（ナチス）は禁止される。雌雄は翌朝、決することになる。はたして勝つのはカールかヒトラーか。

夜のうちにカールはポスターを印刷させ、ミュンヘンじゅうに張り出させた。その文面はヒトラーの約束違反を非難し、国民社会主義者たち、ならびに「オーバーラント」、「帝国軍旗団」の解散を宣言するものだった。

一九二三年一一月九日の朝。突撃隊の複数の部隊と戦闘連盟およびオーバーラント連盟のメンバーら、陣容の点で警察をはるかに上回る一団が、ビュルガーブロイケラーに集結した。それに対峙するのは、市や州の警察部隊だが、必要とあらば国防軍の部隊も一揆鎮圧に回ることになった。これほど大規模な反対勢力をヒトラーら叛乱派は想定していなかった。不利な形勢が明らかになればなるほど、叛乱派の行動は捨て鉢なものとなっていった。例えばゲーリングの命令により、ミュンヘン市参事会員の中の「マルキシスト」たちが、そもそもその処遇に関してはあやふやなまま、人質に取られた。また「戦略的措置」として市内の複数箇所に砲床が設けられた。これと同時に、軍事および政治上の最重要施設を管理下に置くことが試みられた。しかし軍管区司令部を除き、叛乱派の作戦は惨憺たる結果に終わる。彼らは警察本部もマクシミーリアン通りの政府機関も占拠できなかったのだ。

国民社会主義者たちの場当たり的な行動の好例が、社会民主主義的な「ミュンヒナー・ポスト」紙本社の破壊であった。ゲーリングの明確な命令により、出版社の各部屋が占拠され、編集室は荒らされ、機器や資材が破壊されていた。すべてが粉々になった後で、編集室には手をつけるなというヒトラーの「命令」が届いた。彼はこの印刷所と出版社を国民社会主義の新聞「ハイマートラント」に譲り渡したいと考えたのだ。しかし時すでに遅し。

叛乱派にとって状況はいよいよ絶望的となる。何かを起こす必要があった。今一度、主導権の奪回が試みられねばならない。国民革命をなんとしても成し遂げるために、彼らは中心街のパレードを決意する。目標地点はフェルトヘルンハレ（将軍廟）。叛乱派は三つの部隊がそれぞれ縦四列になって並んで街を練り歩いた。つまり横に一二名が並ぶ形の行列が大通りを埋めて進んだのだ。左側は「ヒトラー衝撃隊」、中央はミュンヘン突撃連隊、そして右側を「オーバーラント団」が固めていた。先頭に立っていたのはヒトラーとルーデンドルフで、この二人の前を護衛師団と二列の旗手が歩いていた。

まずナチスは、ルートヴィヒ橋に展開していた州警察の最前列を突破することに成功する。しかしフェルトヘルンハレにたどり着いたところで、警察の一斉射撃によってこの性急な「フェルトヘルンハレへの行進」に終止符が打たれた。ある目撃者は次のように語っている。「何十発もの銃声が響き渡り、隊列に命中し、整然とした行進は崩壊した。密集して団子状態となった人々の間に名状しがたいパニックが広がり、すぐにまるで巨人族の手で払われたかのように人々は散り散りになった。女たちが悲鳴を上げ、男たちは怒鳴った。次々と撃ち込まれる銃弾を避けて、多くの人々が地面に身を伏せた。数十人、いや数百人が恐ろしい銃撃エリアから我先に逃げ出そうとしていた」

結局、一六名の国民社会主義者がこの「行進」で命を落とすこととなった。叛乱の首謀者たちはどうにか逃げおおせた。ヒトラーは転んだか、引き倒されたかして舗道に倒れ込んだ際に肩を脱臼した。ゲーリングも怪我をしてミュンヘン市内の病院に運び込まれ、その後党員たちによって、国境を越えてオーストリアへと「密輸」された。

叛乱は失敗した。全国規模の叛乱の発火点として喧伝されたものは束の間の幻想に終わった。だがその火種はなおも危険な火花を発していた。一一月九日の夜、囚われていた人質を解放するために警察の車列がビュルガーブロイケラー前に到着したとき、怒り狂う住民たちからこう罵られたのだ。

「くそ、売国奴たちめ！　人でなし！　ハイル・ヒトラー！」

二日後、警察はシュタッフェル湖畔にあるヒトラーの盟友エルンスト・ハンフシュテンゲルの別荘を襲って、逃走していた総統を逮捕した。警察隊が踏み込む寸前にヒトラーはピストルを摑んで叫んだ。「終わりだ！　あの豚どもがこの私を捕まえる？　そんなことはありえない！　むしろ私は死を選ぶ！」。ハンフシュテンゲルの妻がヒトラーの手から銃をはたき落とした。こうしてヒトラーの死は阻止された。しかしこの男が放った火花は消えてはいなかった。

一九三三年一一月八日、九日。今や権力の座に就いた国民社会主義者たちは、一九二三年に斃れた彼らの「殉教者たち」を偲んだ。かつて彼自ら「国民革命」を呼びかけた歴史的な場所に大勢の人々が集合した。一〇年後の今、あのときの革命が現実となったのだ。式典は一一月八日に、ミュンヘン中心街での宣伝イベントをもって開始され、続いてビュルガーブロイケラーでの「古参闘士たち」を前にした二時間に及ぶヒトラー演説で頂点を迎えた。式典の掉尾を飾ったのは、フェルトヘルンハレへの追悼パレードと親衛隊新兵らによる宣誓であった。ハイトハウスのビュルガーブロイからルートヴィヒ橋を通ってフェルトヘルンハレに至るこの「歴史的パレード」について、一九三三年当時の目撃者はこう証言している。「明らかにあれは印象的なデモンストレーションだった。褐色のシャツに身を包んだ真剣な面持ちの男たち、沈黙の群衆、そして家並の前には炎を吹き上げるパイロン（焚火台）の列。見上げればどんよりとした一一月の曇天。行進がマリエンプラッツ（マリア広場）に差し掛かると、市庁舎のグロッケンシュピール（鉄琴）がホルスト・ヴェッセル・リートを奏でた。弔砲が鳴り響き、行進の先頭がフェルトヘルンハレに到着したことが告げられ、一分間の黙禱が続いた」

この晩、フェルトヘルンハレ側部の迫持アーチの下で、ブロンズ製記念像の除幕式が厳かに行われた。ヒトラーは新兵たちを前にして「国民革命」に命を捧げるよう要求した。「諸君はかつてまさにこの場所において落命した一六名の同志に倣うべきである。忠誠心こそが諸君の生を満たさねばならない……。この死者たちこそ、諸君が従うべき模範なのだ……」

この最初の追悼式典は翌年以降も踏襲されることとなる。今やナチス指導部と「一九二三年の古参闘士たち」が毎年、ビュルガーブロイケラーに参集し、式典を挙行するようになったのだ。とりわけこの式典は一九二三年の蜂起失敗を愛国的行動へと読み換えることに貢献した。当時、叛乱の試みの後で行われた裁判の結果も、彼らによるこうした歴史の歪曲を助けた。ほとんどの者は単なる「同調者」または「受命者」とされて、咎められることもなく、首領だけが罰せられた。しかもその罰たるや、きわめて寛大な処分でしかなかった。裁判官たちは公然と叛乱者たちに同情を示し、それが処分にも反映されたのだ。ヒトラーは、未決勾留期間を含めて五年間の城塞禁錮を言い渡された。しかしこの五年間を丸々勤め上げる必要はなかった。わずか一年後に彼は再び自由の身となり、改めて彼の闘いが再開されることになる。今一度、炎をたぎらせ、燃え上がらせることが可能となったのだ。

ヒトラーはかつての戦友たちを忘れていなかった。ことに死者となった者たちを。彼らは「運動の血の証人」と呼ばれて「殉教者」へと祭り上げられた。かつて行動を共にした同志たちには「血の勲章」が用意されていた。一九三四年、総統自身が同志たちの右胸に留めたのだ。以来、彼らは誇らしげにこの勲章を佩用《はいよう》した。一九三九年の一一月八日もそうだった。

右の胸ポケットに固定された勲章の血のように赤い綬《ひも》が、シャツの褐色のなかでひときわ目立っていた。その先にはいぶし銀のメダルが吊るされている。オークの枝のリースに止まった鷲の図柄だ。「一一月九日——ミュンヘン、一九二三年」の文字が見える。裏面にはフェルトヘルンハレの画像が刻まれ、その上方では鉤十字が光輝を放ち、メダルの縁には、弧をなして配された「それでも諸君は勝利せり」という文字が読める。

そう、我々は勝利したのだ。「国民の蜂起」がこのホールで始まったとき、我々はそこに居合わせた。我々は自らの愛国的義務を果たしたのだ。そう彼らは考えた。誇らしげに勲章を胸に付けた男たち。これに先立つ数年間、つねにそうだったが、これは年に一度の「彼らの」式典であり、「彼らの」夕べだった。

巨大な一棹《ひとさお》のハーケンクロイツ旗を背景に、演壇にはマイクが設置してある。ナチスの領袖たちに伴われて総統ヒトラーが登壇すると、間髪を入れず、熱狂的な歓呼が湧き上がった。「ハイル、ハイル！……」。ホールを揺るがす大音声。聴衆の顔には歓喜と矜持と畏敬の念が浮かんでいる。全員が参集していた。総統の真ん前には領袖たちが陣取り、その後ろには「古参闘士たち」と「一一月九日の犠牲者」一六名の遺族たち、さらには全国指導者、大管区指導者、突撃隊および親衛隊の大将や中将、労働大管区指導者その他の党員たちが座った。会場ははち切れんばかりの超満員だった。

総統が語り、国民が聴き入る。聴衆はこの会場の党員たちばかりではなかった。国じゅうで人々は国民受信機の前に座って、彼の演説に耳を傾けていた。しかしこの晩の演説は例年とは異なっていた。ヒトラーは恒例となっていた「ナチ党の誕生物語」を大幅に端折って、その代わりに、イギリスに対する罵言と挑発の連続砲撃に終始したのだ。嵐のごとき喝采を浴びながら、彼は開戦の責任をイギリスに転嫁した。

「一九一四年に我々に敵対した勢力が、今またドイツに対して戦争を画策している。しかもあのときとまったく同じ文言、同じ虚言を弄して……。

ハリファックス伯爵〔政治家の貴族エドワード・ウッドのこと〕は昨日の演説で、自分は諸芸術と文化を擁護すると公言したが……、我々としてはこう言うほかない。わがドイツはハリファックスらが考え及びもしなかった頃から、すでに文化国家であったのだと。しかもドイツでは文化のためにここ六年間〔ナチスが政権の座に就いてからこれまで〕に、イギリスでの一〇〇年を上回る業績が挙げられている……。

それは私が、我々の生存の文化的側面の発展に尽力したのみならず、軍事面に関しても徹底して取り組んできたからである。我々は国防軍を作り上げた。今私は敢えて宣言することができる、それが全世界で最も優れた軍隊であると！……

文化創造者としてのイギリス。たしかにそれは歴史上の一つの章である。しかしいずれにせよ、文化の部門において我々ドイツ人がイギリス人たちに大きな顔をされるいわれはまったくない。我らの音楽、我らの文学、我らの建築術、我らの美術、我らの彫刻。いずれもイギリスの芸術に対してまったく引けを取るものではない。ベートーヴェンがいい例である。たった一人のドイツ人が、現在、過去のすべてのイギリス人を合わせた以上の音楽的業績を挙げているではないか！」

会場は狂喜の渦と化した。

「彼らの憎む相手、それが彼らにとって危険な国であるこのドイツなのだ。社会主義の国、社会主義的な労働立法を有する我らの国（……）、福祉の国、社会が平等化され階級差が撤廃された国、ドイツ。それを彼らは憎んでいる！（……）彼らは篤実な労働の日としてメーデーを祝う福祉立法の国ドイツを憎んでいるのだ！（……）

そして彼らは当然ながら強きドイツをも憎んでいる。たゆまず行進を続け、自ら犠牲者の役割を引き受けるドイツをだ」

ヒトラーの長広舌は熱狂的な喝采によって、何度も中断を余儀なくされた。よく通る力強い声で彼は続けた。

「われわれの意志は不屈である。かつて国内の権力闘争においてそうであったように、外国との戦いにおいても決して屈することはない。当時私は諸君に繰り返し語った。あらゆることが想定されるが、われわれの降伏だけはありえない、と。私は国民社会主義者として、今また世界に向けて宣言することができる。あらゆることが想定されるが、ドイツの降伏だけは決してありえないのだ！

誰かが私に、そうなれば戦争が三年も続くことになると言うなら、私の答えはこうだ。どれほど長引こうがそんなことはどうでもよい、ドイツの降伏は決してありえない！　現時点においても、そして永劫の未来においても……

敵は軍事的に、そして経済的に、我々をいささかも凌駕できないだろう。ここで勝者となるのはいずれか一方のみであり、それは我々の側なのだ！」

この演説に対して鳴り止まぬ喝采が何分も続いた。聴衆は陶酔状態だった。このとき「ハイル！」の歓呼によって称賛されたのは、無敵のドイツに対する信頼であった。

まだ国歌が鳴り響くなか、護衛兵たちはヒトラーとその随員が無事に出口に辿り着けるよう、体を張って道を空けた。会場にいたほとんどの者は最初のうち、歓声を上げるのに夢中で、総統がこの「礼拝所」からとっくに姿を消していたことにまったく気づかなかった。

当初ヒトラーは、「喫緊の国務」のため、毎年恒例となっていたビュルガーブロイケラーでの演説を完全にキャンセルするつもりだった。しかし前日になってようやくこの伝統行事への参加を決意した。彼が長らく躊躇した背景には、西部への出撃の問題で将軍たちとやり合っていたことがあった。

一〇月二二日にヒトラーは西部への侵攻を決断し、一一月一二日をXデーとした。これに対し、特に陸軍将校たちは、一九四〇年春より前に攻撃を始めることは不可能という見解で、ヒトラーの思惑に対して異を唱えたのだ。しかし総統の計画を思いとどまらせようという彼らの試みはことごとく失敗する。だが不利な気象状況により、この期日は延期を余儀なくされ、すでに開始されていた攻撃準備も停止しなくてはならなかった。ヒトラーは新たなXデーについての最終決定を一一月九日に行う考えだった。

それもあって彼はベルリンに留まりたいと思った。つまりこの問題に関して、事態を完全に掌握していたかったのだ。それゆえ式典はもともと「短縮プログラムでの実施が計画」され、ヒトラー自身も演説するつもりはなかった。代わりに総統代理のルドルフ・ヘスが一一月八日の夜、一九時三〇分からドイツの全ラジオ局を通じて話をすることになっていた。ところがその後すべてが変更された。ヒトラーがいかにも彼らしい突発的な決断の末に、飛行機でベルリンからミュンヘンに飛んだのだ。短い時間枠のなかでもなんとか演説を行うためだった。主催者側は式典の夜間プログラムを短縮するよう指示した。ヒトラーがその晩の内にベルリン行きの夜行列車に乗れるようにするためだった。彼は翌日、首相官邸に戻っていることを望んだのだ。天候不順のせいで総統のお抱えパイロットは、同日夜のベルリンへの空路での帰還を彼に保証できなかった。それで帰路は特別列車が手配され、その出発時刻が二一時三一分と定められた。

会場にいた聴衆のほとんどはこうした事情をまったく知らなかった。総統の演説が例年に比べて短かかったことと、彼がそのあとそそくさと会場を後にしたことを知って、ただ驚くばかりだった。今ほとんどの聴衆は出口に向かっていた。「古参闘士」たちだけがまだ座って、仲間とビールを飲んでいる。時計の針は二一時二〇分を指していた。

ヒトラーがお供を従えて中央駅に向かっていたそのとき、ビュルガーブロイケラーでは耳をつんざく轟音とともに爆弾が炸裂した。梁が裂け、壁が崩れ、粉塵が舞う。叫び声が上がり、絶望が広がる。天井の一部も崩落した。七名が即死、八人目も病院への搬送中に死亡することになる。六〇名以上の人々が重軽傷を負った。ビュルガーブロイケラーはまさに瓦礫の山と化した。

暗殺の標的だったヒトラーはそのころ、ベルリン行きの列車に乗り込むところだった。ニュルンベルク駅で爆弾による襲撃が彼に伝えられた。彼の第一声は「そんなのはデマだろう」というものだった。そのあとでヒトラーはこう述べた。「今の私は澄みわたる湖水のごとき心境だ。私はビュルガーブロイケラーをいつもより早く発った。それは神意が我が目標の達成を望んでおられることの証左である」

この一九三九年一一月九日の夜にヒトラーの「神意」神話が誕生した。党機関紙「フェルキッシャー・ベオバハター」（民族の観察者）の編集者たちは、その晩の内にプロパカンダ記事を書き上げた。翌朝その記事は「驚くべき総統閣下の救出劇」という見出しで全国版の紙面を飾った。その一節を紹介しよう。

「外国からの教唆によるものと見られる今回の暗殺未遂は、ミュンヘンでただちに激しい怒りを巻き起こした。犯人逮捕のために五〇万マルクの懸賞金がかけられたが、この金額は有志の自発的な寄付によって六〇万マルクに引き上げられた。ビュルガーブロイケラーで凄まじい爆発が起きたのは二一時二〇分ごろだったが、そのとき総統閣下はすでに会場を去った後だった。国民社会主義運動の主要人物のほとんど、全国指導者、大管区指導者たちは、閣下に随行して中央駅に向かっていた。国務が切迫していたため、閣下は演説の終了後、ただちにベルリンに戻る特別列車に乗り込まれたのだ。今回の襲撃は同時に国家の安寧をも脅かすものであったが、総統閣下が難を逃れたことは、まさに奇跡としか言いようがない」

暗殺犯たちはいったい何者なのだろう？　「神をも恐れぬ殺人鬼ども」は誰のことなのか？

第3章 尋問

電話が鳴ったのは二一時になったばかりのときだった。警察補助員のオットー・グレーターはちょうどラジオを切るところだった。同僚のローデラー、ヤンコフといっしょに総統演説に耳を傾けていたのだが、今年の演説は驚くほど短かった。今晩の通信担当のヤンコフが受話器を取った。「グレーター！」。彼が呼んだ。「だれか税関で逮捕された奴がいるから、来てくれってさ！」

グレーターはやれやれといった顔でローデラーの方を見た。「さあ、行こうじゃないか」。二人は部屋を後にして、外に停めてあったグレーのフォルクスワーゲンに乗り込んだ。街の中心部にあり、コンスタンツ国境警察が入居しているこの建物は、かつては「ヴィラ・ロッカ」と呼ばれた。グリュンダーツァイト（泡沫会社乱立時代）に建てられたもので、手入れの行き届いた三階建てだった。そこからクロイツリンガー通りの税関までは車で二〇分の距離だ。四三歳のグレーターはがっしりとした体軀で、第二次世界大戦の開戦時〔一九三九年〕に刑事警察から国境警察に配置換えされてきた。ここでの彼の所属部署は「内政案件」を扱う二課で、そこはカールスルーエ秘密国家警察の下部組織である。

これに対し、輸出入管理を担当し、国境を警備していたのは税関で、特別な問題が起きたならば、それは税関の管轄だった。

グレーターはローデラーと税関に足を踏み入れるや、訊ねた。「いったい何事だ?」

若いゲシュタポ隊員で、応援のため税関に配属されていたマウアーがグレーターに歩み寄った。「違法脱国者を捕らえました」。手短にそう言うと彼は隣室の方を示した。そこに座っていたのは小柄な男で、不審な様子は見受けられない。面長で怯えたような目つき。ズボンとシャツしか身につけていなかった。そのシャツも質素なものでネクタイはしていない。グレーターはその男に近づいた。一目見て分かった。この男は職人だ。作業で酷使されたその両手はすり傷だらけだった。

机の上にはこまごまとした物が置かれていた。ねじやゼンマイ、針金。おそらく時計の部品だろう。それから国境通行証、五ライヒスマルク入りの財布、ひと束のメモ用紙、折畳みナイフ、ペンチ、そしてひとかけらのドライソーセージ。ミュンヘンのビュルガーブロイケラーを描いた絵ハガキもあった。グレーターにはそれが何を意味するのか、皆目見当もつかなかった。彼は一式を小さな段ボール箱に詰めるよう、ローデラーに命じた。いつの間にか執務室からここに来ていた税関助手のオーベルツに指摘されてはじめて、グレーターは男が上衣の折り返しにつけていたバッジに気づいて、顔を輝かせた。「なるほど、赤色戦線戦士同盟か。これはこれは……」

彼は国境通行証を一瞥した。期限切れだった。そして通行証の顔写真を見て、記されていた氏名を読んだ。「エルザーという名前なのか?」。彼は男に厳しい口調で尋ねる。

「ええ、ゲオルク・エルザーです……」。男が落ち着いた声で答える。

「それでは出発するとしよう、さあ、行くぞ！」。グレーターは片手を挙げて叫んだ。そしてオーベルツとマウアーにいとまを告げて、運転手のローデラーとともに税関から出た。エルザーはこの二人の間に前後を挟まれるようにして引き立てられて行った。

彼らがヴィラ・ロッカに戻ったのは二二時頃だった。エルザーは走行中、ずっと黙っていた。ただ何度か咳払いをして、一度は鼻をハンカチで拭った。グレーターはエルザーとともに二階の執務室に入り、椅子を彼の方に押していって座らせると、カーボン紙のついた紙をタイプライターにセットして、机越しに相手を見た。「さあ、友よ」。彼はぶっきらぼうに言った。「では始めよう。作り話はよすんだな。身のためにならないぞ」

グレーターは心情的に親しい口調で話す方がいいと考えた。「国境でいったいあんたは何をしていたんだ？」。尋問の開始だ。

「私は国境を越えるつもりはありませんでした。ただフォイヒトゥルフーバーという人を訪ねたかったんです。彼は伝統衣装協会の会長です。でも途中で道に迷ってしまって……」。エルザーはシュワーベン方言でそう答えた。

グレーターは激怒した。「バカなことを言うな。そんな話を誰が信じる？」。彼は電話に手を伸ばすと、コンスタンツにフォイヒトゥルフーバーなる人物がいるのかどうか、いるとしたら本当に民族衣装協会の会長なのかどうか、同僚に確認するよう頼んだ。数分後に電話のベルが鳴った。「確かにそういう名の男はいて、本当に民族衣装協会の会長のようだ。ただその男はペーターースハウゼン駅のあたりに住んでいるので、エルザーが見つかった場所からはかなり離れている」

グレーターはこの事実をエルザーに突きつけた。肩をすくめるエルザー。「コンスタンツの街はよくわからないんです」

とらえどころのない、ずる賢い野郎だ。グレーターは考えた。こいつは信用ならんぞ。コンスタンツのことなら隅から隅まで知っているはずだ。なにしろ七年近くもそこに住んでいたのだから。そんなことは戸籍簿ですぐ調べたからお見通しだ。それなのにこいつときたら、何も認めようとしない。これまで三〇分近く面と向かって質問責めにしているのに、ほとんど収穫はなかった。

名前はゲオルク・エルザー、出身はシュヴェービッシェ・アルプ高地のハイデンハイム近郊、ケーニヒスブロン村。職業は家具職人、独身。それから最近の勤め先についての短い供述。「どこから来た？」。「ミュンヘン、いや違う、ウルムです……」。グレーターの忍耐もそこまでだった。彼はつと立ち上がると、机を回ってエルザーの前に立ちはだかった。「おい、本当のことを言え！　国境でお前は何をしようとしていたんだ。何のために違法にスイスに渡ろうとした？」。恫喝するような声で彼は怒鳴った。

「実は私には婚外子がいて、もうこれ以上、養育費が払えないんです」。エルザーはおどおどした様子でそう答えた。

グレーターは確信した。これも真っ赤な嘘だ。いずれにしてもその真偽を今すぐ確かめるわけにはいかない。この先、取調べをどう進めたものか、よく分からなかった。どうにも手に余る相手だ。ふてぶてしいまでに頑固な男。どうやら取調べは暗礁に乗り上げてしまったようだった。

一一時をまわる頃に一階の事務所でテレタイプが受電した。表題は「ミュンヘンにて爆発物による暗殺未遂事件発生」だった。その下には一五行にわたって、国境警備を厳重にするよう要請する文章が続いていた。ヤンコフが上階のグレーターにこのテレタイプを持って行った。「なんたることだ」。文章を読んだグレーターは絶句した。「……まったくもって前代未聞だ」

エルザーは唖然とする二人のゲシュタポの顔を見上げた。当人は髪に手をやり、いかにも落ち着き払った様子だ。

ヤンコフが執務室に戻るや否や、二本目のテレタイプが来た。今度の表題は「総統への襲撃」で、本文には、国境地帯の検問所すべてに警戒態勢を敷き、疑わしい人物は一人残さず捕らえよ、と書かれていた。ヤンコフは奇妙な感覚に襲われた。ひょっとして拘束されている二階の男はこの事件と何か関係があるのだろうか？ そういえばあの男はミュンヘンのビュルガーブロイケラーの絵葉書をもっていたな。それに時計の部品のようなあの怪しげな金属パーツ。爆弾の起爆装置には時計も必要なのではないだろうか？ まあよかろう、あのパッとしない男に予断をもつまい。そう彼は考えた。ともあれあの男が違法に国境を越えようとして捕まったのは事実だ。それに何と言っても、あいつは共産主義者だ。なにしろ禁じられた拳を丸めた図柄のバッジ〔赤色戦線戦士同盟の徽章〕をつけていたのだから。

ヤンコフは階段を駆けのぼり、グレーターに新しいテレタイプを見せた。特段の反応も見せずにグレーターは文面を斜め読みして、ヤンコフに軽く礼を言うと、こんなものはどうでもいいという具合にその文書を脇に置いた。それから彼は窓辺に歩いて行った。外は霧がまた濃くなってきていた。視界は五〇メートルもないようだった。いやな天気だ。グレーターは考えた。こんな晩にふさわしい天候だ。警官補助員の彼は機嫌が悪かった。机の前に男が座っている。蠅も殺せない人畜無害な男に見えるが、どことなくおかしい。犯罪捜査員としての彼の勘がそう告げている。そこに来てあの電信。この男、暗殺未遂と何か関係があるのだろうか……？　いやまさか？

突然グレーターが振り向きざま鋭く言い放った。「総統に暗殺攻撃が加えられた」。言いながらエルザーの顔を注視していたが、そこには何の反応も認められなかった。落ち着き払ったそぶりで彼はそのニュースを受け止めた。グレーターは部屋を出ると、隣室から上司のヒンツェ警部に電話をかけた。「こちらで違法な越境者を拘束しています。ミュンヘンから来た男です」。興奮を隠せない声で彼はそう報告した。「ええ、船でフリードリヒスハーフェンから来たと申しています」。何が何でも尋問を続けろ、そして直ちにカールスルーエ秘密国家警察にも通知せよ、というのが警部からの指示だった。

数分後にグレーターはカールスルーエのゲシュタポ本部に電話を入れ、ゲオルク・エルザーという名の男を拘束した旨を告げた。相手からの命令は、「そのまま尋問を続けよ、どんな嫌疑も徹底して追及せよ。この件で何か判明したら直ちに連絡すること」というものだった。

グレーターは自分の事務室に戻った。エルザーはあいかわらず落ち着いた様子で椅子に座っていた。こいつは肝が座っているな。そうグレーターは考えた。彼は引き出しを開け、中から一枚のパンを取り出し、エルザーにも一口勧めた。「少しどうだ。お前も腹が減っているだろう？　今晩はあとどれだけ二人でこうして座っていなくちゃならないか、俺にもわからんのだ」

エルザーは首を振った。グレーターが魔法瓶から紅茶を注いで差し出すと、ようやくエルザーは礼を述べてカップを受け取った。しかしそれで彼の口が滑らかになることはなかった。時間だけが過ぎていった。

グレーターは自分にのしかかる重圧を感じていた。上司とゲシュタポが結果を聞きたがっており、このゲオルク・エルザーという男が何者で、何をしたのか知りたがっている。この男はミュンヘンにいったい何の用事があったのだろう？　なぜスイスに行こうとしたのだ？　ポケットから見つかった部品類は何を意味するのか？　総統への暗殺を企てた共産主義叛乱派グループの一員で、犯行後にバラバラな方向に姿をくらまそうとしたのだろうか？　グレーターはこれを疑っていたが、いかんせん証拠がなく、自白もなかった。

時計の針はすでに午前三時を指していた。グレーターは疲れ果て、我慢も限界となった。とうとう彼は口調を荒らげ、怒鳴り、脅しつけた。しかし無駄だった。そこで彼は、ひとまずこの男を独房に閉じ込める方がいいだろうと考えた。ひょっとするとそれでこの男も何か喋る気になるかもしれない。彼はエルザーを一階に三室ある留置房の一つに入れた。ちょうど重い金属ドアを閉めようとしたとき、エルザーが歩み寄ってきた。「役人さん、言いたいことがあるんです。話を聞いてもらえますか？」

グレーターは腹を立ててエルザーを独房の奥に突き飛ばした。「だめだ、一言も言うな。お前の話なんか聞きたくもない。もう手遅れだ！」。彼は力任せにドアをガチャンと閉めると、上階の自分の事務室に戻って行った。内心の怒りが彼の表情にもくっきりと刻まれていた。

あの頑固者も俺をコケにするような態度を改めるだろう。明日という日もある。とにかく様子を見てみよう。グレーターはそう考え、すでに三時半を回りつつある今、タイプライターを打って報告書の作成に取り掛かった。その内容には堰き止められた怒りが色濃く滲み出ていた。三〇分後に彼はその作業を終えた。報告書の結びの一文はこう書かれていた。「エルザーが犯人である可能性も排除できない」

朝の七時。ヒンツェ警部がグレーターの事務所にやってきた。タイプで打たれた一枚足らずの報告書に彼はじっくり目を通し、「しぶとい奴だな、こいつは」と首を振り振りひとりごちた。そしてこの報告書をテレタイプでカールスルーエのゲシュタポ本部に転送するよう指示した。

午前のヴィラ・ロッカ（コンスタンツ国境警察署）はその後、慌ただしい動きを見せることになる。報告書がカールスルーエのゲシュタポ本部に届けられ、そこから直ちにベルリンにも転送された。その晩のうちにカールスルーエではゲシュタポ隊員たちが電撃作戦を開始した。住民登録簿が確認され、エルザーの素性が洗い出された。可能な範囲で彼のこれまでの人生が再構築されたのだ。どこにも疑わしい点は見つからなかった。だがゲシュタポも諦めない。コンスタンツでグレーターが今後の対応を上司と話し合っている間にも、ゲシュタポは捜査を進めた。シュヴェービッシェ・オストアルプの小村ケーニヒスブロンでゲオルク・エルザーの両親ときょうだいを警察に逮捕させ、尋問のためにハイデンハイムに連行させたのだ。だがやはり何の成果も上がらなかった。「あのゲオルクが暗殺未遂に関わったって?……それはないですよ。政治には大して興味をもっていなかったし。……あいつは仕事熱心で物静かな男なんです。たしかにこのところミュンヘンで働いてはいたけれど……」。わかったのはそれだけだった。

ゲシュタポの役人が入手したわずかな情報はただちにベルリンに送られた。そこのゲシュタポ総本部には、すでに最初の夜から、疑わしい人物に関する情報が一二〇件以上集まっていた。それらはことごとく精査され、さらなる解明のためにミュンヘンへと送られた。そうこうするうちにこの「運動の首府」では大量の捜査員が動員され、刑事捜査官兼親衛隊上級大佐アルトゥーア・ネーベのもと、犯人探しに躍起となっていた。捜査の総司令官役はヒムラー自身が引き受けた。

捜査員たちはどんな些細な証拠でも欲しがり、ビュルガーブロイケラーの瓦礫を篩《ふるい》にかけて爆弾の部品を捜した。その出所について何か手がかりが得られるかも知れなかったからだ。同店の従業員たちも全員尋問された。一一月八日の晩にウェイトレスとしてその場に居合わせ、爆弾の炸裂により聴覚障害となったマリア・シュトレーベルは、後にこのときの尋問の様子をこう述べている。

「もう翌日には警官が来ました。私はパリ通り二三番地二階の自宅でソファに横になっていたのですが、いっしょに署まで来るよう求められました。私は断りました。娘がまだとても幼かったのです。当時あの子は九歳でした。隣の部屋では私の母が死の床についていて、この出来事の直後、一一月一九日に亡くなりました。その警官は私に紙切れを渡しました。そこには、彼の同僚が近々またうちに来て、署への同行を求めることになるだろうということが書いてありました。一一月一〇日に私は、店で客にビアジョッキを運んでいた一九歳のウィーン娘といっしょに、尋問を受けるためブリエンナー通りの警察本部に出向かねばなりませんでした。私たちは二人でそこの大部屋に足を踏み入れました。

すぐに一〇人ほど、取調べの刑事が複数の机を前にして座っているのが見えました。あらかじめ召喚しておいた民間人を順に尋問していたのです。私が机の一つに近寄ると、取調官が夫の電話番号を教えるようにと言いました。夫に電話して私が今日は帰れないことを伝えようとしたのです。私は、それは絶対に無理です、うちには重病の母と幼い子供がいるんです、と訴えました。それから名前は忘れましたが三階の役人のところに行って、そのまま帰宅するか、または第三者と話をするために署の建物を離れる許可証を書いてもらいました。そのあとで数日にわたって警官がタイプライター持参で自宅に訪ねてきました。そうですね、五、六回は来たでしょうか。何か気づいたことはないか、と繰り返し訊かれました。その少し後に、私はもう一度街に行かねばなりませんでした。行き先はやはり警察署です。そこで改めて尋問を受けました。取調官はいきなり引き出しを開けて一枚の写真を取り出し、それを机の上に置くと、私にこう尋ねました。『この男を以前見かけたことはあるか？』。私は『いいえ』と答えました。でも実を言えば、その男性を見たことはあったんです。うちの店（ビュルガーブロイケラー）の客でした。毎日やってきてホール席に座ってました。ああ、あの人だってはっきり思い出したのは、後で同僚の店員たちと話したときでした。かなりみすぼらしい身なりで、労働者がよく食べる安い料理を注文していました。当時それは六〇ライヒスペニヒほどの値段でした。ビアホールなのに彼は一度も飲み物を注文しませんでした。それで少し不思議に思い、彼のことを覚えていたんです」

ヒトラー暗殺未遂事件の早くも翌日にゲシュタポの訪問を受けたのは、このマリア・シュトレーベルだけではなかった。ウェイター・ウェイトレス、カウンター担当、タバコ売りの女、管理人、守衛、清掃婦・トイレ番といったビュルガーブロイケラーのスタッフ全員が尋問された。それでも成果は上がらなかった。ヒムラーは痺れを切らしていた。そろそろ犯人が必要だったのだ。

一一月九日の昼過ぎ。コンスタンツのヒンツェ警部に一本の電話が入る。「そのエルザーという男をミュンヘンに連れてこい」と短く命ずるものだった。ヒンツェはグレーターを呼び、エルザーをミュンヘンに護送するよう頼んだ。しかし断られてしまった。自分は昨夜の長時間勤務で疲れ果てているので、別の者にしてほしいということだった。

その一時間後、刑事部長のヴィルヘルム・モラーがグレーのフォルクスワーゲンを運転してミュンヘン方面に向かっていた。後部座席にはゲオルク・エルザーが座っていた。

第4章 一つの民族、一つの国家、一人の総統

「すべてを描き出すことはきわめて困難である」。一九三九年一一月九日付の「ミュンヒナー・ノイエステ・ナッハリヒテン（ミュンヘン最新報）」紙はそう嘆いた。「あらゆる時代を通じて最も卑劣で最も恐ろしいこの犯罪を理解すること、それは人間の能力を超えている」。それでも言葉巧みに語る能力を失わなかった目撃者はいたようだ。「重く鈍い炸裂音が轟いた。すわ、空襲か？　すると誰かが叫んだ。この恐怖の瞬間と同じくらい忘れがたい言葉だった。《時限爆弾だ、このホールに仕掛けられたんだ！》。棍棒で殴られたかのように、この言葉を聞いてみんな正気に戻った。つい先ほどまであの演台で総統が演説されていた。いつもよりだいぶ短かったが……。その総統を殺そうとしたんだ。ああ神さま！　そのようなおぞましい所業を思いつき、実行したのはいったいどんな獣《けだもの》なのだろう？」

この国民同胞は「ミュンヘン最新報」紙の読者に対して、自身の心痛を思いのさま披瀝している。「一人の同志が瓦礫の中から這い出してきた。顔は血塗れでそこに粉塵が貼りついて痂《かさぶた》のようだった。

褐色のシャツは血糊で黒々とした縞模様になっていた。彼は私たちの肩をつかみ、こう叫んだ。『連中は我らが総統閣下を我々のもとから奪おうとしたんだ……！』。内心の苦渋を滲ませて彼は叫び続けた」。記事の結びはこうだった。「全国民がかつてなかったほど決然と、忠誠心も新たに、総統閣下の周りに結集している」

一つの民族、一つの国家、一人の総統。みなが一丸となり「卑劣きわまる暗殺未遂犯」を追い求めた。襲撃の翌々日に「ドイチェス・ナッハリヒテンビュロー（ドイツ報道局）」は、ビュルガーブロイケラーでの暗殺未遂事件の捜査状況を次のように報じている。

「管轄の各部署は、ビュルガーブロイケラーの卑劣きわまる暗殺未遂事件の捜査と真相解明をすみやかに推し進めるべく、ありとあらゆる措置を講じた。親衛隊全国指導者ヒムラーはこの作業を一元的に指揮するために、専門家からなる特別委員会を設置し、そこにすべての捜査活動を委ねた。当然ながらこの委員会は、捜査および解明の手がかりとなりうるものを一つ余さず調べ上げ、有力な仮説を可能にしてくれそうな事実をいくつか確認するに至った。

ビュルガーブロイケラーでの重軽傷者の救出作業は、現場に投入された人員全員の模範的な連携作業とホールに残っていた古参闘士たちの協力のおかげもあって、きわめて迅速に行われた。しかしこの救出作業は建材や瓦礫、備品類が散乱し、堆《うずたか》く積み重なるなかで行われねばならなかった。それだけに彼らの働きはいっそう賞賛に値するものである。警察、消防警察、国防軍の工兵、各編成部隊の隊員、救助隊員たちの間には、すでに投入直後からみごとな協力体制が築かれた結果、困難きわまる救助・救出活動も滞りなく進捗した。

これまでに確認されたところによれば、この暗殺未遂はけっして衝動的に行われたものではない。きわめて入念に準備された、力学的な時限装置〔酸による腐食を利用する化学的な時限装置とは異なる、時計仕掛けの時限装置のこと〕を用いた犯罪である。

今回の事件は、集会の寸前に思いついたような単純なものでも突発的なものでもない。決行場所の選定にしろ、『玄人はだしのやり口』にしろ、犯人がかなり入念に準備したことを示している。

今のところ、まだ犯人もしくは犯人グループの特定には至っていないものの、証拠物や痕跡は、今後の捜査活動を展開すべき方向を示唆している。そのような体系的で細々とした作業の一環として、現場の倒壊した壁も詳細に調べられている。こうして無数の個々の成果が得られて初めて、それらのモザイク片を貼り合わせて全体像を浮かび上がらせる警察の作業が始められるのである。

喜ばしいことにNS運動の首都ミュンヘンの住民たちは、犯罪解明に向けてきわめて大きな関心を寄せている。あらゆる階層の市民が引きも切らずに出頭し、情報を提供し、自説の根拠を示すことで、なんとか暗殺未遂事件の全容解明に貢献しようとしている」

ドイツ報道局は「住民からの貴重な情報」という大見出しを打って、一一月一〇日付で続報を伝えた。

「当報道局が得た情報によれば、一一月八日の暗殺未遂事件捜査のための特別委員会には、あらゆる階層の国民同志による指摘や報告が多数集まっている。そのため同委員会は本日金曜日に人員を三倍に増やし、刻々と集まる情報の精力的な処理に当たらせる。一般的な指摘にとどまるものが大半ではあるが、真相解明につながる重要な情報がそこに含まれている可能性はある。現在、住民からのそうした情報提供は優に千件を超えている。あの恥ずべき犯罪を解明すべく、あらゆる国民同志が力を合わせる様は称賛に値するものであるが、特別委員会のメンバーが一致団結して作業に邁進する姿もまた、喜ばしい限りである。なぜならば誰もが強い義務感を心に抱くのみならず、全身全霊を傾けているからである。爆薬の点火に使われた力学方式の起爆装置の残骸はすでに見つかっており、現在、専門家たちがそれを仔細に調べている。金属の正確な組成を突き止めることはきわめて重要である。いずれにせよいくつかの金属部品の合金に関しては、実際にそれらが外国由来のものであると証明できるだろう。今の段階でもそう断言して差し支えあるまい。現在さまざまな角度から調査が行われており、いずれも他の調査によらずとも単独で、まったく異論の余地のない成果を得ることを目指している。特別委員会がすでに一点に的を絞って追求しているだけに、それらの調査はきわめて重要である。おそらく近日中にさらなる詳細を公表することができよう。これはあらゆる可能性を吟味している特別委員会に、この方向でより詳細な手がかりの入手を可能にするためである」

そうこうするうちにゲオルク・エルザーは、すでにヴィッテルスバッハ宮殿で親衛隊のネーベから尋問を受けていた。ネーベは恫喝や脅迫でさんざん責め立てたにもかかわらず、相手から自白を引き出すことができなかった。
いずれにせよ特別委員会のゲシュタポ隊員たちは疑問視していた。単独犯などあり得ない。犯行の背後には大がかりな陰謀や謀略があるはずだ。彼らはそう推測していた。焚きつけた者が必ずや外国にいる。そう確信していたのだ。それは彼らだけではなかった。ミュンヘンでの暗殺未遂事件についての公式報道も当初から同じ方向を目指していた。
早くも一一月九日、公式の調査委員会が調査を開始したばかりの時点で、外国の煽動者たちの存在が取り沙汰された。同日付の「フェルキッシャー・ベオバハター」にはこう書かれていた。

「この犯罪的行為がいかにして準備され、いかにして可能となったかについて、我々はいまだ詳細を知るに至っていない。しかし一つ分かっていることは、煽動者、資金提供者、そしてかくも卑劣でかくもおぞましいことを思いつくことのできる輩は、政界でつねに暗殺に関わってきた者、すなわちイギリスの諜報機関である！（……）我々はイギリスに思い知らせてやらねばならない！」

ビュルガーブロイケラーでの暗殺未遂は、それまでの総統に対する暗殺の試み二九件とは異なり、その成否が紙一重の差だったことで、盛んな憶測を呼ぶこととなった。犯行はユダヤ人一派の仕業なのか？　共産主義の抵抗の戦士たちなのか？　それとも国民啓蒙・宣伝省の宣伝通り、残された「手がかり」は外国の黒幕を指し示しているのだろうか？　つまり英国諜報部のエージェントたちとオットー・シュトラッサーの共同作戦だったのか？　シュトラッサーはヒトラーの敵対者として、一九三〇年に革命的国民社会主義闘争集団、いわゆる「黒色戦線」を結成し、一九三三年以降はスイスに亡命していた人物である。啓蒙・宣伝省はこの説を喧伝すべく腐心していた。

単独犯による犯行の可能性はまさしく想定外のことだった。ゲシュタポも、ゲシュタポに敵対するグループも、そんなことは信じていなかった。ゲシュタポはそもそも単独犯犯行説に政治的な関心を寄せることができなかった。単独犯、しかも「国民同志」による犯行などということになれば、ナチスのプロパガンダにとってはほとんど利用価値がなかったのだ。一方、ゲシュタポに敵対する側が勘ぐったのは、総統は「神意」によって生かされているという例の神話をプロパガンダとして利用するために、ゲシュタポ自身がこの暗殺未遂事件を演出したのではないかということだった。相反する陣営によるこれら二つの「黒幕説」は、その後も根強く残ることになる……。

一一月一〇日付のＳＤ（親衛隊保安部）による機密報告書の中でも、この暗殺未遂事件の「黒幕」は英国にいるとの憶測がなされた。これには筋書きがあった。政府に同調している報道各社に対してベルリンから特別に「極秘情報」が伝えられたのだが、その中に、ビュルガーブロイケラーでの総統暗殺未遂事件の犯人を推測するに当たっては、ドイツ国内グループの仕業としてはならないとの文言があったのだ。事件直後の日々にはあらゆる可能性が取りざたされたのだが、ただしドイツ人抵抗グループと草の根の暗殺犯についての言及はまったくなされなかった。

この年、ヒトラーは外政面では「ドイツ人の生存圏の獲得」という自身の考えを追求し、成果を挙げることができた。オーストリアは一九三八年三月以来、ドイツに「併合」されていた。チェコスロヴァキアはズデーテン地方をドイツに「割譲」しなくてはならなかった。英国、フランス、イタリアはこの割譲について、一九三八年のミュンヘン協定でヒトラーに政治的なお墨付きを与えた。

一九三八年一〇月からはヒトラーの命により「チェコの残余地区の制圧」が行われた。これは同協定に反するものであったが、三つの大国は抗議を行わなかった。一九三九年三月以降はボヘミアとモラヴィアが「ベーメン・メーレン保護領」としてドイツの保護下に置かれる。ヒトラーはヨーロッパ全土の支配を望んでいた。彼はそのための足がかりを探し、そして見つけたのがポーランドという国だった。「我々にとっての問題は東方における生存圏の拡大と食料の確保である……。それゆえポーランドに手を出さぬという選択肢はなく、残るのは機会が到来したならば逃さずポーランドに攻め込むという決断のみである……。その際には合法か違法か、あるいは国家間の協約の有無などというものには何の意味もない」

一九三九年八月の独ソ不可侵条約ではポーランド分割を定めた秘密議定書も締結され、それらがヒトラーのポーランド侵攻を援護することになる。この侵攻は、グライヴィッツ〔現ポーランド、グリヴィツェ市〕のドイツ系ラジオ局への親衛隊による自作自演の襲撃〔当時これはポーランド正規軍による攻撃とされた〕を口実として、一九三九年九月一日に開始された。その二日後に英国とフランスはドイツに宣戦布告した。

第二次世界大戦の勃発である。

それ以後、西部への侵攻がヒトラーの最大の関心事となる。進撃の開始はそもそも一一月九日とされていたのだが、ずるずると引き延ばされた。国防軍の将軍らが、軍備上の理由から攻撃の開始を時期尚早とみなしていたからである。

したがって暗殺未遂はナチス指導部にとって、それを口実にしたプロパガンダによってドイツ国民の間に（必要な）戦意を掻き立てる絶好の機会であった。「ドイツ報道局（ＤＮＢ）」はプロパガンダ材料として、外国メディアの報道一覧なるものを作成し、それらを外国による「戦争挑発」の例であるとして、新聞各社の編集部に送りつけた。

編集部各位
以下の資料は、ミュンヘンで起きた暗殺未遂の責任がロンドンおよびパリの戦争挑発者たちにあることを証明するものであるが、新聞各社はこれをそのまま転載するのではなく、論説の形に書き改めて掲載すること。

チェンバレンはイギリスの宣戦布告後初となる下院での演説で次のように述べた。「私の願いはただ一つ、生きているうちにアドルフ・ヒトラーの破滅を目の当たりにすることだ」

「タイムズ」：「今やヒトラーが突きつける条件ではなく、ヒトラー自身が問題なのである」

「エクセルシオール」紙：「英国とフランスはともに、血に飢えた独裁者アドルフ・ヒトラーに引導を渡すことを決意した」

「タイムズ」：「ヒトラーとヒトラー主義が続く限り、英国は講和を結ばない」

下院（庶民院）でのアーチボルド・シンクレア議員の言葉：「ドイツがアドルフ・ヒトラーによって統治される限り、彼の意志に屈するか、彼を排除するかのふたつの選択肢しかない」

「ニューヨーク・ジャーナル・アメリカン」の特派員はロンドンから次のように報じた：「英国の唯一の戦争目的、それはヒトラーから始めて末端の最後の党員に至るまで、国民社会主義を終わらせることである」

「タイムズ」：「ナチス殲滅への過程でいくつかの倫理上の価値も失われる。しかしそれにもかかわらず無数の人々がナチズムの壊滅を願っている」

「フィガロ」紙上のヴラジミール・ドルメソン（スラブ系の作家・ジャーナリスト）の言葉：「フランスとイギリスはドイツを粉砕しなくてはならない。我々は扇動して欧州戦争を引き起こしたヒトラー主義者たちを殲滅しなくてはならないのだ」

「プチ・パリジャン」紙：「ヒトラーは自発的に消え失せるか、奈落の底に叩き落とされるかの決断を迫られている」

チェンバレン：「ヒトラー主義が存続する限り、講和はありえない。それは終わらせねばならない」

「デイリーメール」紙（暗殺未遂事件の二四時間前）：「戦争の目標を論議することなど、文字通り無意味である。今日我々に残された課題、それはヒトラーの排除である」

さらには、まるでイギリス諜報機関の関与に対する国民の最後の疑念を払拭するかのように、次のような注意書きまで付されていた。「イギリスの新聞各紙がミュンヘンでの暗殺未遂事件を驚くほど迅速に報道できた点に関しては、世界中から不審の眼が向けられている。例えば『デイリー・エクスプレス』紙は、ドイツに特派員を置いている外国の新聞社がまだ何の情報も入手していなかった一一月八日から九日にかけての夜に、早くも詳細な報道を行うことができた」

こうしたプロパガンダ報道がレポートや論説の形で各紙の紙面を飾ったことについては、疑問の余地はない。政権に批判的なメディアはとうの昔に排除されていた。とりわけ労働者階級やユダヤ系マイノリティの中には政治的に異なる考えをもつ人々がいたのだが、そのような人々を束ねていた組織が強制的に同一化され、壊滅的な打撃を受けたことで、政権に敵対する者は沈黙させられ、刑務所や強制収容所に収監され、亡命を余儀なくされたり、非合法な存在へと追いやられたりすることとなった。

しかしミュンヘンの暗殺未遂事件は戦意高揚に役立つだけではなかった。ナチスのプロパガンディストらがすぐに気づいたように、「神意」の神話、つまり総統は不可侵であり無敵であるとする神話の形成にも、この事件をうまく活用することができたのだ。彼らがこの二つをともに達成したことは、当時の機密文書（状況報告書）が証している。ベルリン、ヴィルヘルム通りの親衛隊保安部（ＳＤ）職員は次のように記している。

「多くの学校で讃美歌『いざやもろびと、神に感謝せよ』が歌われた。事業主のなかには、訓示で従業員に事件のことを伝えた者もいた。特に昨日の午前中は、襲撃の詳細が明らかになるまで、国じゅうが不安に押し潰されそうになっていた。総統は重傷を負った、党および国家の重職が複数死亡したといった噂が飛び交った。その日のうちに暗殺未遂事件の詳報が伝えられると、人々はそこから生じるさまざまな問題について語り合った。苦々しい思いで、この暗殺未遂の背後にはおおかたイギリス人とユダヤ人がいるのだろうと言い合ったのだ。いくつかの街では反ユダヤデモにまで発展した。総統閣下はこのところ無頓着すぎる、これからはそのような危険に身を晒さないようにしてほしい。多くの国民がそう願った。

今や人々は、国家の敵すべてに対して今後もさまざまな形で報復措置が取られることを期待し、対外的には英国へのすばやい反撃を願った」

同じ日の「ドイツ報道局」の記事は、帝国各地で忠誠心を表明する公式集会があったことを伝えている。

「カッセル市、一一月一〇日。ミュンヘンでの忌むべき犯罪はすべての階層のドイツ国民にこのうえなく大きな怒りと深い嫌悪の念を巻き起こしたのだが、これを受けて木曜日の午後、カッセルのフリードリヒ広場には一〇万人あまりの国民同志が参集し、総統を守ったありがたい神意に対して感謝を表明し、アドルフ・ヒトラー総統に対しても、人々は口々に揺らぐことなき忠誠を誓った」

一九三九年一一月一三日付の別の機密報告書では、内政状況について次のような記述がなされている。

「ミュンヘンの暗殺未遂事件はドイツ国民の間の連帯をこのうえなく強固なものとした。事件捜査のために特別委員会が設置されたのだが、その捜査結果に対する国民の関心はきわめて高い。いかにしてこのような暗殺未遂が起きたのかという点は、あいかわらず巷間の話題を独占している。総統への敬愛の念はいっそう強まり、またこの事件の帰結として、開戦の機運も多くの層で高まっている。

英国に対してはたぎるような怒りが渦巻いていた。そのとき総統はミュンヘンの追悼式典に出席していたという事実が国民の胸を強く打った。しかしこのたびの暗殺未遂事件で犠牲となった人々の国葬に対するミュンヘン市民の関心は比較的低かった。オデオン広場に見物人は集まったものの、彼らとて、厳かな式典に特別深い関心を示すことはなかった」

疑いの眼を向けられたのは、どちらかと言えば消極的だったミュンヘン市民の態度だけではなかった。教会の反応も批判の対象となった。

「全国から異口同音に報告されたのは、カトリック教会とプロテスタント教会がミュンヘンの暗殺未遂に対してそれぞれ示した対照的な反応ぶりである。カトリック教会は国中でこの出来事に対していかなる態度表明も行わず、まるで事件など起きなかったかのように無視を続けている」

逆に好意的に扱われたのがプロテスタント教会であった。

「これとは対照的にプロテスタント教会はミュンヘンの暗殺未遂事件を厳しく断罪し、旗幟《きし》を鮮明にしている。国内のいくつかの街では総統閣下がご無事であられたことに対して感謝の礼拝が行われ、別のところでは牧師の説教があった。シュトゥットガルトの例を挙げると、そこでは次のようなことが話された。

『本日ここに集まった私たちの胸はなおも怒りに震えております。我らが総統閣下の命を奪おうとしたあの悪魔的な所業に対して。しかしそれと並んで、私たちの心の中には神が示された恩寵に対する大きな、強い感謝の念もあります。

世界大戦の砲弾の雨の中、一九二三年一一月九日の勇敢な行動〔ミュンヘン一揆〕、その後の政治権力を目指した戦いの歳月、そして今回の悪魔的な所業。再三にわたって全能なる神は彼の上に庇護の手を伸ばされた。毎朝神に祈ろうではないか。神が我らの指導者を護り給うように、そして彼、ひいては我々に勝利を賜わらんことを、我々が良き平和に至り、我らが民族に生存圏と生の可能性が与えられる日のために』」

一つの民族、一つの国家、一人の総統。いかにもナチスのプロパガンディストたちの好みそうなフレーズである。これまでのところ、彼らは今回の暗殺未遂事件を自分たちの目標のために、まさに最高の形で利用することができた。しかしここミュンヘンに移送され、ゲシュタポの独居房で次の尋問を待っているこの違法越境者についてはどうなのだろう？

これまでのところエルザーは、親衛隊のネーベ（ライヒ保安本部第五局局長）による尋問で、犯行を否認していた。いずれにしても必要最小限のことしかしゃべらなかった。彼に不利な証拠は山ほどあったのだが。事情聴取されたビュルガーブロイケラーの従業員たちは彼のことを覚えていた。瓦礫の中から掘り出された絶縁材の販売業者も、このシュワーベン訛りの小男のことを記憶していた。そうこうするうちに現場調査委員会は、爆発が二階桟敷席の床のすぐ上の柱の中で起きたことを特定していた。犯人は跪いて爆弾を仕込んだに違いない、しかもおそらく幾晩もかけて。単独犯？　それはほとんど信じがたいことだ。ネーベは確信していた。「共犯者がいるに違いない」。だがこのエルザーという男は頑として口を割らない。一人の名前も挙げず、そもそもろくに話しもしないのだ。ええ、私は確かにビュルガーブロイケラーに何度か行きました。でもそれは違法なことじゃありません。だってあそこは誰でも入れる飲食店なんですから。ネーベから従業員らの証言を突きつけられたとき、エルザーはそう答えた。

ヒムラーは苛立ちを募らせた。ネーベで駄目なら尋問は他の者にやらせなくてはならない。一一月一三日になると調査委員会の指揮は、刑事捜査官で親衛隊中佐のフーバー〔フランツ・ヨーゼフ・フーバー、一九〇二年一月二二日～一九七五年一月三〇日〕に委ねられた。共同謀議説が信じられてはいたが、さしあたって必要とされたのは、一人の犯人だった……。

第5章 自白

ドアを叩く音がした。二名のゲシュタポ職員がエルザーを連行してきたのだ。刑事捜査官フーバーの眼には小柄で華奢な男に見えた。フーバーは相手を凝視した。エルザーは精気あふれる生き生きとした眼をしていて、そのためやや抜け目のなさそうな顔つきにも見えた。

フーバーは考えた。この男が暗殺未遂事件と関係があるって？　いや、それはありえない。しかしその一方でフーバーは知っていた。エルザーが「赤色戦線戦士同盟」、つまりドイツ共産党に近いグループのメンバーだったこと。そしてエルザーの所持品の中に彼の犯行を示唆する品々があったことを。フーバーは、この事件はむしろ動機の面から迫るべきだと考えていた。眼の前にいる男、すでに何日も尋問を受けているこの男は、見るからに繊細な感じだった。ただしフーバーには相手が強い正義感の持主であるようにも思えた。少なくとも男のこれまでの供述からそれは窺えた。

フーバーは新たな聴取に備え、それまでに作成されていた尋問調書すべてに目を通していた。ひょっとすると人の良さそうなこのエルザーは、暗殺をするよう依頼人から説得されたのではないか？　それに必要な実践的な技能には事欠かなかった。なにしろこの男は職人なのだから。

この一一月一三日の午後、フーバーは戦略的な方法を採ろうと考えていた。エルザーに本人の供述の矛盾点を突き付け、これまで彼が曖昧な応答を繰り返して隠れ込んだ場所で彼を追い詰め、何としても真相を暴きたてるつもりだったのだ。同時にフーバーは、エルザーの倫理観に訴え、「立派な」動機となりうるものを彼に当てがってやることで、自白に追い込みたい考えだった。つまり「飴と鞭」、昔から定評のあるやり方だ。

だがこの日、フーバーをもってしても行き詰まった状況を打開することはできなかった。今度こそうまい質問で追い詰めてやったと思っても、エルザーは急に貝のように黙りこくり、あるいはするりとすり抜けてしまうのだ。エルザーがミュンヘン滞在時のことに言及したときなど、まさにそうだった。

「いったいその街でお前はどうやって暮らしていたんだ？」。フーバーは問い詰めた。「仕事はしてなかったんだろう？」

エルザーはしばらく沈黙した後でこう答えた。「いくらか貯えがありましたから。それで食いつなぎながら、職探しをしていたんです。でもなかなかまともな仕事がなくて。それは賃金面だけの話じゃありませんよ……」

フーバーはもうこういう返答に驚かなくなっていた。この男は肝が据わっている。落ち着き払った態度で答えるものだから、うかうかしていると本当に信じてしまいそうになる。だがフーバーには分かっていた。これまでに判明した状況証拠が、エルザーのもっともらしい話の嘘を暴いていた。

すでにあらゆる供述の裏が取られ、家主たちの聴取も行われていた。エルザーは彼らにも、自分は仕事を探していると話していた。ところが、いざミュンヘン滞在中に面接を受けた工房の名を挙げてみろと言われると、ひとつも答えられなかったのだ。彼は部屋を借りるときにはいつも規則通り、本名で契約したし、家賃もきちんと支払い、家主が嫌うようなことは何もしなかった。むしろ家主たちはみな、彼を物静かな間借人と評した。社交的なタイプではないが、親切な好青年。それが家主たちの印象だった。

数週間エルザーに部屋を貸したルッフマン夫人の記憶によれば、彼はおとなしいが、ときどきどことなく奇妙なところのある間借人だった。「あの人は重い箱をいくつか持っていて、私の夫がそれを地下室に運び入れるのを手伝いました。上の部屋には木製の長持を一つだけ持って行きました。でも入口が小さすぎて入らなかったんです。だから私たちはそれを玄関ホールに置いておきました。エルザーさんは最初からちょっとおかしなところがありました。でもあのときはさほど気にはなりませんでしたね。ただ一度だけ、私が何の気なしに彼の階のドアを開けたことがあったんです。そのとき、あの人は長持の前に座り込んで図面の入ったファイルをめくっていましたが、私の姿に気づくと、大慌てでぜんぶ長持に戻して、鍵をかけてしまったんです」

間借人に対してルッフマン夫人が不審に思ったことは他にもあった。「あの人は帰宅がいつもかなり遅くて、帰ってこないこともありました。朝食を運んでいこうとしたときに気づいたんです。おかしいなとは思いましたよ。そもそも夜遊びをするような感じの人じゃありませんでしたから」

他の家主たちも、この物静かな男が何をして時を過ごしているのか、知らなかった。「職が見つかるまでの間、ある発明に取り組んでいるんです」。別の女家主は、あるときエルザーからそう説明されたと供述している。このときの「発明」が、のちの爆弾による暗殺未遂に使用された「悪魔の装置（時限爆弾）」だったのだろうか？

フーバーは事件現場を視察していた。時限爆弾は、総統が立って演説をした場所の真後ろの柱の上部、二階席部分に埋め込まれていた。さらに鑑識による綿密な現場検証の結果、その爆弾は二階床面のすぐ上の位置に、柱を刳り抜いて設置されていたことが判明した。それには気の遠くなるような長時間の作業が必要で、しかも跪いた姿勢をずっと取り続けなくてはならなかったはずだ。今、ふとフーバーは、現場視察の後で思い浮かんだある考えを思い出した。彼は肘掛椅子から立ち上がり、大きなデスクを回って行って、エルザーにズボンを脱ぐよう命じた。「今、ここで脱いでみろ……さっさとやれ！」

エルザーは一瞬、躊躇した。脱ぎたくなさそうだった。「お前の膝を見せてもらうだけだ」とフーバーは言って、彼の前に立ちはだかった。

のろのろとズボンをたくし上げるエルザー。一センチ、もう一センチ……。フーバーの眼がすぐに捉えた。彼の両膝は腫れ上がり、化膿していた。「さあ何か言うことがあるだろう？」。フーバーが沈黙を破った。

エルザーは長らく黙ったままだった。それからほとんど聴き取れないような小声でこう訊き返した。

「あんなことをした者はどうなるんでしょう？」

フーバーは一瞬、不意を突かれた。これは自白なのか？　フーバーはこう答えた。「それはなぜやったのかによるな」

今や自白までもう一息と思われた。そんなとき他の者であれば誰でも、尋問をさらに続けようと考えるだろう。ところがフーバーはそこで尋問を中断した。「じゃ、またあとで会おう」。エルザーが彼を独房に連れて行く二人の職員に抱えられるようにして執務室を出るとき、フーバーは背後からエルザーにただ一言、そう声をかけた。フーバーはエルザーを追い詰めたことを確信していた。被疑者の自白、それは彼の任務が首尾よく完了したことを意味する。これをフーバーは、「ビュルガーブロイ暗殺未遂事件特別調査委員会」の他の指揮官たち、すなわちゲシュタポ幹部のネーベとロッベスの前で、夜も更けたころ、効果的に披露したいと考えたのだ。

まもなく深夜零時となるころ、彼は改めてエルザーを連れてこさせた。職員たちが彼をデスクの前に置かれた椅子に座らせる。デスクの奥にはフーバーが座っていた。だれも一言も発しなかった。ネーベとロッベスも然り。二人はいらいらして窓辺を行ったり来たりしながら、エルザーの自白を待っている。エルザーは打ちひしがれた様子で、その身体は実際よりひと回り小さく見えた。彼は目の前に置かれたミネラルウォーターの瓶からひっきりなしに水を飲んでいた。

彼はおどおどした様子で周りを見ている。次の瞬間、誰からも問われていないのに、彼の口から言葉が発せられた。「ええ、やったのは私です」

ゲシュタポ幹部たちは、ほっとしたように互いの顔を見た。エルザーは瓶に手を伸ばし、水をグラスに注いだ。それから彼は細部にいたるまで包み隠さず説明した。時限爆弾をどうやって設計し、製造し、柱の内部に仕込んだのかを。エルザーの調書作成者が最後の文章を書き終えたとき、朝の三時をとうに過ぎていた。それから彼は独房に戻された。

この晩、彼は以前の夜よりも厳重に、ゲシュタポ看守から独房のドアののぞき窓越しに監視された。暗殺未遂犯を死なせてしまっては元も子もない。誰の役にも立たなくなる。少なくともナチス指導部にとって彼は大切な相手だった。


ヴィッテルスバッハ宮殿の尋問室に残ったフーバー、ネーベ、ロッベスの三名は肩の荷が下りた様子だったが、同時にもの思いに沈んでもいた。自白はさらなる疑問を誘発していた。どうして一人の男がビュルガーブロイケラーの二階席で、誰にも邪魔されずに幾晩も作業するなどということが可能だったのか？　そもそも決行日である一一月八日以前に安全対策は講じられていなかったのか？

みな知っていた。総統代理による一九三六年三月九日付指令三四／三六号により、ヒトラーが参加するイベントでの交通封鎖・安全確保措置に関しては、すべてSS全国指導者もしくは同人がそのつど指名するSS幹部指導者が単独で責任を負うことになっていたのだ。しかしここミュンヘンでは「古参闘士たち」に権利が認められており、SSや警察であってもこれを侵害することはできなかった。

ヒトラーは一九三六年一一月にはすでに、ミュンヘンの党首クリスツィアン・ヴェーバーと市警察長官フォン・エーバーシュタイン〔既訳書などではエバーシュタイン、エーベルシュタインの表記もあり〕の間の諍いのなかで、イベントの安全確保が誰の管轄かという問題にみずから決着をつけていた。「この行事においてはクリスツィアン・ヴェーバー指揮の下、わが古参闘士たちが私の警護に当たる。警察の責任はビアホール入り口までで、ホール内にまでは及ばない」。一九三九年の今回の集会にもこの方式が適用されていた。

その後の調査により判明したことだが、保安・安全対策を担当していたのは、かつてミュンヘン一揆のデモ行進の列に加わり、一九二〇年以来のナチ党員であったヨーゼフ・ゲルムであった。彼の職位はゲシュタポのミュンヘン指令本部刑事係警部だった。一九三九年夏に彼は兵役に志願し、秘密野戦警察の部隊員としてポーランド侵攻に参加した。ちょうど彼が病気で戦線を離れてミュンヘンに滞在していたため、一一月八日になって、ヒトラーが演説するビュルガーブロイケラーの安全確保が彼に委ねられたのだ。講じられた安全対策は格別厳重なものではなかった。せいぜいホールを巡視する程度で、イベント当日にはビアホールの入り口の警備が強化され、参加者の監視が行われた。だがここに集うのはいずれも古馴染みの闘士仲間であり、そんなところでいったい何が起きるというのか？暗殺未遂事件が起きた後、フーバー、ネーベ、ロッベスらが覚悟していた通り、党指導部では激しい怒りの嵐が吹き荒れた。あらゆる非難の矛先はクリスツィアン・ヴェーバーに向けられた。彼はかくも重大な任務をゲルムのような男に委ねた責任を問われたのだ。

党員ゲルムに至っては「証拠隠滅の恐れあり」とみなされ、一時的に逮捕されてしまった。それで彼はカンカンに怒り、この信じがたい扱いについて総統に直々に訴えてやると脅しをかける始末だった。しかしどうやらゲシュタポの取調官たちは、ゲルム（ちなみにこの名前はその後、ヒムラーの走り書きの中に、不平をかこち、延々と文句を垂れる「老兵の典型」として登場することになる）が暗殺犯らの仲間である可能性もあると踏んでいたようだ。そうこうするうちにゲルムは釈放された。容疑者が見つかったからだ。だが三名のゲシュタポ幹部たちはヴィッテルスバッハ宮殿で思案に暮れていた。暗殺を依頼した人物がいるはずだ。本当の「黒幕」はいったい誰だ？

一一月一四日の朝。フーバーはベルリンの上司に電話をかけた。ゲシュタポ局長のハインリヒ・ミュラーSS上級大佐である。ゲオルク・エルザーが自白したとの報告に局長はご機嫌だったが、彼は会話の終わりに決定的な問いを発した。「それはそうと、黒幕はいったい誰なんだ？」

フーバーは狼狽して答えた。「誰もいませんが」

「お前がヒムラーにそう言うんだな！　俺は知らん」。ミュラーは受話器に向かって怒鳴りつけた。

厄介な状況だ。ヒムラーにとっては、止むに止まれぬ衝迫に突き動かされて「総統」に拳を振り上げたドイツ人の職人など、何の役にも立たなかった。必要なのは外国の黒幕であり、裏で糸を引く人物であり、「世界ユダヤ人組織」やイギリス人、もしくはオットー・シュトラッサー〔一八九七―一九七四、長いナイフの夜事件で粛清されたグレゴールの弟。ナチス左派幹部でヒトラーと対立し党籍を剥奪された〕による陰謀だったのだ。フーバーはそんな期待に応えるべくもなかった。

ミュンヘンの特別委員会の捜査結果に対する怒りは、それゆえベルリンでは大きかった。なかでもヒムラーは激怒した。彼はミュンヘンから送られた尋問調書に初めて目を通したとき、特徴のある角張った筆跡で調書の余白にこうなぐり書きした。「尋問したのはどこのど阿呆だ？」。要するに「ビュルガーブロイケラー暗殺未遂事件特別調査委員会」の責任ある立場の面々は、ベルリンからの褒め言葉など、はなから当てになどできなかったのだ。それどころかヒムラーは再調査を指示した。しかも今回はすべてをゲシュタポに一任する形で。「その暗殺犯をベルリンに連れてこい」。それが彼の命令だった。

一一月一四日の午後にゲオルク・エルザーは独房から連れ出された。彼は疲れた様子だった。連夜の取調べで疲弊しきっていたのだ。ほとんど朦朧とした状態で彼はこう訊ねた。「何です？　また取調べですか？」

一人のゲシュタポ職員が嘲笑った。「友よ、今度はベルリンだとさ。あそこの気風はここことは違うから、あんたも存分におしゃべりできるぞ」

その日の夕方にはもう、ゲオルク・エルザーは厳重な監視のもと、ベルリンに護送されていった。

ようやく一週間後の一一月二一日に「ドイツ報道局」はエルザー逮捕の臨時ニュースを伝えた。以下はその抜粋である。

「ベルリン、一一月二一日。ＳＳ全国指導者兼ドイツ警察長官の発表によれば、一九三九年一一月八日に起きたビュルガーブロイケラーでの神をも恐れぬ襲撃の直後に、犯行の解明に適切と思われ、犯人逮捕を可能にするさまざまな措置が講じられた。そうした捜査措置の一環として、ドイツのすべての国境がただちに封鎖され、厳格な検問体制が敷かれた。

同夜のうちに逮捕された者たちの中に、一名、ドイツからスイスへと違法に国境を越えようとした男がいた。直前までミュンヘンに在住していたゲオルク・エルザー、三六歳である。保安警察からミュンヘンに派遣された特別調査委員会のこれまでの捜査で、犯行の計画と実行を示唆する多数の証拠が明らかとなっている。

犯人と目される者は一名であり、この人物の詳細についてはすでに一一月一二日に公表したとおりである。

しかしいずれにせよ、あの犯罪行為に関わった連中の一部がすでに確保されたことになる。さらなる真相解明のため、以下の問いへの協力を広く願いたい。
・他にエルザーを知る者がいるか？
・彼の交友関係についてさらに情報提供できる者はいるか？
・彼の交際相手についてさらに知っている者はいるか？
・ここ数年のエルザーの立ち寄り先はどこか？
・彼はどこで、または誰のところで買い物をしたり物品を注文したりしたか？
・エルザーが発明や図面の作成、製造、製造計画等に取り組んでいたことを知る者は他にいるか？
・だれか他の人物の家でビュルガーブロイケラーの図面や設計図を見た者はいるか？
・エルザーが飲食店や駅構内、列車やバスの中で一人で、または他の人物と一緒にいるのを見た者はいるか？
・さらに外国でエルザーを見た者はいるか？　それはいつ、どこで、誰と一緒だったか？」
「ミュンヘンでの暗殺未遂、あらゆる犯罪のうち、もっとも下劣で巧妙なる犯罪」という見出しのもとに、「ドイツ報道局」は別のニュースも伝えている。その記事はナチスのプロパガンダが満載である。抜粋で紹介しよう。

「どの犯罪者の尋問にも欠かせないのが、相手の心理の襞にまで分け入り、それに習熟するということである。エルザーを中心とする疑惑の集団の解明が完了し、すべての個人的な結びつき、その人生行路、その交友関係がつぶさに確認できたうえで、さらに何度も繰り返された取調べや被疑者と証人との対決を通じて、真犯人を確保したとの確信が得られた。

証拠物件やこれまでに彼の隠れ家から押収された個々の物品の重要度からして、犯罪者の自白は取調べの結果を再確認するものに過ぎなかった。

我々はこの男を眼の当たりにした。この人物こそ、あの恐るべき暗殺計画に斃れた人々を死に追いやった当人であり、総統閣下を帝国指導部もろとも亡き者にしようとした当人なのである。人はそうしたすべてに絶えず思いを致さねばならない。なぜなら眼の前にいるのはいかにも怪しげな犯罪者然とした男ではなく、その眼差しは知性を湛え、その物言いは慎重に吟味された穏やかなものだからだ。尋問は果てしなく続く。質問に答える前に彼は一語一語をじっくり、しっかりと考え抜く。そんな様子を見せられると、人はつい忘れてしまうのだ。自分の眼の前の相手がいかなる悪魔的な怪物であるかということ、そして彼の良心はどうやらいかなる罪障感、いかなる恐るべき重圧にも易々と耐えることができるのだということを。

これは犯罪史上類例のない、最も卑劣かつ最も狡知な犯罪である。(中略)この恥ずべき犯罪の背景を考えるうえで有力な手がかりはもうすでに集められているが、今後はそれらに加え、公安警察に協力する形でドイツの一般市民からも無数の示唆や詳細な情報が寄せられるであろうし、その結果として、すでに知られているさまざまな事実と並んで、微に入り細を穿つ完全な証拠の連鎖が完結し、それが犯罪に加担したすべての者にとって命取りとなるであろう」

エルザーが犯人であることは、今では啓蒙宣伝省ですら否定できなかったが、「証明の連鎖」は引き続き解明されねばならなかった。単独の暗殺未遂犯、しかも「いかにも怪しげな犯罪者然とした男でなく、その眼差しは知性を湛え」ていた者など、お呼びではない。必要なのは「黒幕たち」だった。この暗殺未遂をプロパガンダ材料にするという当局の方針はとうに決まっていたのだ。「ドイツ報道局」は偶然を装って、同じ日に二つ目の「臨時ニュース」を放送して、イギリスの諜報部員二名の逮捕を伝えた。

「ベルリン、一一月二一日。公式発表によれば、オランダ、ハーグにあるイギリス秘密情報部の西ヨーロッパ本部はかなり以前から、ドイツ国内で陰謀を企て、襲撃を組織しようと画策しており、または彼らが革命組織とみなすドイツ人グループとの接触を模索してきた。英国政府およびその秘密情報部は、ドイツ人亡命者らからの犯罪的で馬鹿げた情報を鵜呑みにして、ドイツ国内、ナチ党内および国防軍内部に反対派が潜んでおり、ドイツで革命を起こそうとしていると考えていた。こうした状況下で親衛隊の諜報部員たちは、ハーグにあるイギリスのこのテロ活動・革命拠点とコンタクトを取るよう命じられた。イギリス秘密情報部の代表は自分たちの交渉相手が本当にドイツの革命派将校であると思い込み、ドイツの親衛隊職員たちに自らの意図と計画を明かし、あまつさえ彼らに専用の英国製無線送受信器まで提供したのだ。ドイツの秘密国家警察が今日に至るまでイギリス政府との密かなコンタクトを維持できたのは、この無線機のおかげである。

一一月九日になると、このイギリス秘密情報部ヨーロッパ本部の本部長であるベスト氏およびスティーブンス大尉が、オランダのフェンロー近郊で国境を破ってドイツに入国しようとした。その際に両名は二人の動向を監視していたドイツ側機関によって身柄を確保され、捕虜としてゲシュタポに引き渡された」

ミュンヘンのビュルガーブロイケラーでの襲撃の翌日、抵抗の戦士を装った国家保安本部（RSHA）の二名のSS情報部員、ヴァルター・シェレンベルクとアルフレート・ナウヨックスが、イギリス情報局秘密情報部（SIS）の二人の将校と運転士を待ち伏せ場所におびき出した。その後この二人の英国人はオランダのフェンローで捕らえられ、ドイツに連行された。

その狙いは、すでに定評のあるやり方によって、ミュンヘンの暗殺未遂事件の責任を英国情報機関に転嫁し、差し迫る西部攻勢にさらなるお墨付きを与えることであった。

一一月二一日まではベストとスティーブンスの逮捕は国民には公表されなかった。当局はプロパガンダにとって特に「効果的な」公表日を待っていたのだ。エルザーが自白した今、絶妙なタイミングが到来したと思われた。

臨時ニュースでは、逮捕された二名の英国将校とエルザーの間の関係は特に言及されなかったものの、それぞれの報道の時間的な近さと報道の仕方が両者の関係を暗に示していた。あと欠けていたのは間をつなぐ仲介役だけだった。これにうってつけだったのがオットー・シュトラッサー（一八九七―一九七四）で、彼がナチス政権に対抗して行った「黒色戦線活動」は周知の事実だった。エルザーとこのシュトラッサーに接点があるという主張の根拠は、エルザーが犯行後スイスに逃れようとし、オットー・シュトラッサーもその時期、同じくスイスに滞在していたという事情のみだった。そして英国情報機関もこの陰謀に一役買っていたとする「証拠」は、プロパガンディストらによって急遽でっちあげられた。

一九三九年一一月二三日付の公式発表によれば、シュトラッサーは暗殺未遂事件の翌日（一一月九日）、「あたふたと」イギリスに向けて旅立ったという。しかし実際にシュトラッサーがスイスを出国したのは一一月一三日になってからで、おまけにその行き先はイギリスではなくフランスだった。シュトラッサーがスイスを発ったのはヒトラー暗殺未遂とは何の関係もなかった。スイス当局が彼の政治活動を理由として、滞在許可を延長しなかったため、シュトラッサーは亡命地スイスを去らざるを得なかったということなのだ。

だがそもそもあの時期、真実に関心を抱く者などいただろうか？　エルザーは「指南役」オットー・シュトラッサーの「手駒」にすぎず、背後で糸を操っているのは「依頼人かつ資金提供者」である英国諜報機関だ。これがナチスのプロパガンディストらが描いたシナリオであり、それは成功した。

親衛隊全国指導者で全ドイツ警察長官のハインリヒ・ヒムラーは部下に命じて、国内政治状況に関する別の報告書において捜査の結果をまとめさせた。一一月二二日には「社会の全体的な空気と状況」が次のように記された。

「ミュンヘンの暗殺未遂犯逮捕の第一報は、火曜日の深夜にラジオで報じられた。ただしこのニュースが衆人に知れ渡るには水曜日の朝刊を俟たねばならなかった。それは世間にきわめて強い印象を与えた。ここ数日は、特に映画館のヴォッヘンシャウ〔週間ニュース〕に刺激されて、巷間でもミュンヘンの暗殺未遂事件について盛んに議論が交わされてはいたが、そこには無数の噂も行き交い、中には犯人に関する無意味な疑いも一部、含まれていた。これまでに行われた捜査の結果についての今回の報道は、これまでに確認しえた限りで、世論に非常に良い影響を与えている。暗殺計画の首謀者がイギリスの情報機関であったという発表と、オランダとドイツの間の国境でイギリス情報機関のメンバーが逮捕されたとの報道は、まもなくイギリスへの攻撃が行われるとの国民の期待の中で、ここ数日すでに表明されていた英国への敵愾心をいっそう煽りたてることとなった」

同じ報道のなかで、新たな捜査結果に強い印象を受けて、カトリックの聖職者たちも暗殺未遂事件に対する言及を控える姿勢を放棄したことが好意的に言及された。証拠として一一月一九日付のフライブルク大司教区の教会報へのある寄稿文が引用されている。以下がそれである。

「そのような襲撃が成功すると、いつも国民全体に恐るべき弊が及ぶことになる。また多くの前例は、事件の背後につねに外国勢力が潜んでいることを示している。今回もまた、憎むべき犯罪に際して親衛隊全国指導者ヒムラーは、犯人らの遺した痕跡が外国を指し示していると表明せざるを得なかったのだが、それはいささかも驚くに当たらない……。外地で厳しい生存のための戦いが続くさなか、総統閣下の生命と全ドイツ国民の命運が底知れぬ脅威にさらされることとなった今回、神意という考えがどれほど多くの者の脳裏に浮かんだことか。わずか三〇分前にアドルフ・ヒトラーは自らこう語っていた。『それゆえ我々は信ずる、この世で起きることは神意がそのように望んだがゆえに起きるのである……。ドイツの人々は死者、負傷者の大きな不幸を前にして、深い哀しみに沈んでいる。しかしまた人々は、かくも明白な形で神意が守り給うた自分たちの導き手に対する忠誠心をも新たにしているのだ』」

プロパガンダ装置はこのうえなくうまく機能した。外国勢力が真の黒幕として担ぎ出され、神意が総統を庇護しているという神話が再び召喚された。「全ドイツ国民」の命運が総統の運命と一蓮托生《いちれんたくしょう》である証拠として。

ゲオルク・エルザーは、自白後の日々に、ナチのプロパガンディストらが自分に割り振った役柄について何も知らなかった。彼の故郷ケーニヒスブロンで、毎日のようにガサ入れと逮捕が続いていることも知らなかった。彼の友人、知人、隣人、雇い主、同僚は一人残らず尋問を受けた。両親ときょうだい、そして長続きした最後の恋人エルザまでもが逮捕され、ゲシュタポの監視付きでベルリンに向かう列車に座らされていることもまったく知らなかった。

彼は板敷きのベッドに横たわり、天窓を見ていた。格子の嵌められた四角い窓越しにどんどん流れて行く灰色の雲が見えた。格子付きの空。ドイツ全体がひとつの巨大な監獄だ。そう彼には思えた。外から鈍い音が聞こえる。彼は孤独だった。

第6章 ゲシュタポの機密案件

ベルリン、プリンツ・アルブレヒト通り八番地。ドイツ中の政敵やその思想ゆえに迫害されている人々が震え上がる場所だ。かつてホテルの建物だったこの一点に、国民社会主義のテロル体制を織りなすすべての糸が収束する。ヒムラーの一九三九年九月二七日付命令を通じて、国の組織である「保安警察本部」と党に帰属する「保安本部」の全部署をひとつに合併することが定められた。今や「国家保安本部」（ＲＳＨＡ）という総称の裏に、ナチスの迫害・抑圧・殲滅政策を担う最も重要な機関が身を隠していた。そこに座っていたのが彼ら、机上の犯罪者たちであった。官僚主義的な行動様式ととめどない恣意とが野合を繰り広げるがごとくに、彼らは国民社会主義のテロルを計画し、組織し、統括したのだ。この国家保安本部のスタッフによってアインザッツグルッペ（特別行動隊）が選抜された。数十万の人々をその大量処刑の犠牲としたあの部隊である。しばらくユダヤ系住民の殺害に投入されたガストラックを開発したのも、ここの職員たちだった。

保護拘禁の担当部署が強制収容所への収監を決めた。第Ⅳ局の敵性分子撲滅課（ⅣＡ）が間諜活動と逮捕、生か死かを決定した。国家公務員であれ、党員であれ、あるいは親衛隊員であれ、国家保安本部では誰もがその血に塗れた業務に邁進していたのだ。

プリンツ・アルブレヒト通り八番地。ここは親衛隊全国指導者と彼の臣下たちの公式の在所だった。ここここそが独裁国家の官僚主義が巣食う牙城だったのだ。

すでに一九三三年晩夏にゲシュタポは建物に「署内監獄」を設置していた。これは第一に署内で尋問されることになっている拘留者を収容するのに使われた。それはいわばゲシュタポ本部専用の未決監であり、一九三五年に出された政令に漠然とした形で書かれていたように、「特殊な留置施設」であった。

プリンツ・アルブレヒト通りに連行された者は、自分の命の心配をしなくてはならなかった。ゲシュタポ署員らはあらゆる手段を駆使して疑わしい事案を解明し、政権に対する実際の、もしくは架空の抵抗活動を探りだそうとした。その際に彼らはいかなる虐待をも厭うことはなかった。犯罪者たちの横のつながりや組織上の関連、外国との接触を突き止めるため、あるいは単に情報を知る者を割り出すために必要とあらば、残忍極まりない拷問方式が採用された。

当初の数年間、拷問はひどく殴りつけるという形をとった。拘留者は棒や革ベルト、鞭でしばしば意識を失うまで殴打された。その後、拷問は「強度の尋問」という穏当な名称で呼ばれるようになり、官僚主義的に細かく規定され、システム化されていった。ある報告書にはこう記されている。

「本部に引き渡された拘留者は、ＫＰＤ（ドイツ共産党）担当課とＳＰＤ（ドイツ社会民主党）

担当課がある最上階フロアの事務室のひとつに通された。地下室などではなく最上階の部屋で、尋問が、さらには拷問も行われたのだ。ゲシュタポ署員は、最初のうち当たり障りのない話をした後で、直截的な質問を相手に突きつけた。自分の望む情報が得られないと、拘留者は尋問者当人から、あるいは部屋に招じ入れられた『助手たち』によって、したたかに殴打された。

これに続いて、たいていすぐに第二ラウンドの尋問が始まった。囚人が今度も供述することができなかったり、供述するつもりがなかったりすると、さらなる打擲《ちょうちゃく》の狂宴が繰り広げられた。さんざん殴りつけられ、答えようにももう答えられなくなると、囚人は独房に戻された。そこで二四時間、飲食物も供されずに放置されることもしばしばで、そのあと改めて尋問と打擲と拷問が繰り返された。囚人たちのなかには、こうした虐待が数週間に及ぶ者もいた」

一九三九年当時、ここの留置場には独居房が三八、囚人を五〇名収容できる雑居房がひとつあったのだが、そこに入れられていたのはどのような人々だったのだろう？　そして彼らはどこから来たのか？　彼らは主に共産党員、社会民主党員、労働組合員、さらには社会主義青年運動のメンバーたち、小規模な社会主義政党や抵抗組織の構成員らであった。多くは、労働運動のかつての牙城で、なおも国民社会主義への抵抗の中心地であったベルリンの出身者だった。その一方でゲシュタポは、当該の事件が超域的な意味をもつ場合には、囚人を何百キロも離れた町からベルリンに護送させた。それらの事件ではゲシュタポ独自の捜査委員会が立ち上げられ、これが署内で「自分たちの」囚人に対して、いつ果てるとも知れない尋問を行った。

件であった。

ゲオルク・エルザーはそうした囚人たちの一人で、彼の事件は最高度に重要なゲシュタポの機密案件であった。

この事件に対してじきじきに関心を寄せたヒムラーは、この暗殺未遂事件からこれまでに引き出すことができたプロパガンダ面でのメリットに満足することはできたものの、どうしてもある疑問を禁じえなかった。ゲオルク・エルザーと名乗るこの男はいったい何者なのか？　どこにでもいそうな一介の職人？　それとも風変わりな独行者？　戦争と帝国と総統に逆らう不満分子？　ヒムラーは配下の署員に、真実を究明するための全権を委ねた。

ひたすら待つ。ゲオルク・エルザーは独房の木製寝台に座って、向かいの灰色の漆喰壁を見ている。これでは腕を伸ばすことすらできないな、拳で壁を叩くことになる、そう彼は考えた。どの方向に腕を伸ばしても壁だ。独房。方形の黴臭く狭い場所。八平米ほどか。奥に靴箱二個分の大きさの鉄格子付きの小窓がある。寝台の足側には鉄鋲が打ち込まれ、覗き窓のついた重厚な木製扉が見える。その隣に排泄用のバケツ、腰掛と小さな折畳み机。ここ数日、彼がこの独房を離れたのはシャワーのときだけで、そのときは看守によってタイル張りの円形シャワー室に連れて行かれた。五〇名を超える囚人たちにたった五つのシャワーと五つの手洗器。これ以外の時間、彼は独房に座ってひたすら待っていた。

四壁に囲まれて待つ。毎日行われる尋問を。エルザーは自分が見えない糸に吊るされているように感じた。彼の力は衰えていた。明日も尋問は続くという。彼の頭の中で質問が穴を穿つ。蛇のような質問たち。それに嚙まれると死んでしまうと彼は知っていた。危険ではあるが、彼には単純な答えしか見つからなかった。

ひたすら待つ。すでに夜になっていた。外から鍵束のジャラジャラという音が聞こえてくる。こんな時間に自分を尋問室に連れて行くつもりなのだろうか？　通路と廊下の迷宮を引き立てられ、鉄の格子をくぐらされ、看守から看守へと引き渡されて？　彼はここベルリンに到着してから連日、それを体験していたのだ。だが今回は違った。音は止んだ。

ゲオルク・エルザーは、自分が自白した後にナチスのプロパガンダが世間に喧伝した彼自身の役柄について、あいかわらず何も知らなかった。ケーニヒスブロンの街で続いたガサ入れと逮捕に関しても同じだった。

時の流れが止まっているかのようなその長閑《のどか》な村にゲシュタポが本格的に攻め込んできたのは、暗殺未遂事件の数日後のことだった。半ダースのゲシュタポ隊員が近在のハイデンハイムにあるホテル「カルル王」に投宿し、さらに四名の隊員がオーバーコッヘンのホテル「鹿亭」に宿泊した。隊員たちは両ホテルから毎日、ケーニヒスブロンに通ってきた。村役場はすでに大がかりな尋問本部に変更されていた。そこで一人残らず尋問された。ツィター愛好会や合唱団、ダンスグループ、ハイキングクラブの会員たち、すべての友人知人。特にエルザーの親族は重点的な取調べを受けた。そして尋問はなおも盛んにおこなわれていた。ゲシュタポが早々に放棄することなどなかったのだ。

一一月一三日に彼らはエルザーの家族全員を逮捕させた。彼の母親はこの出来事を何年も後にこう書いている（一部抜粋）。

「刑事たちからは、どうして私たちが連行されるのかについて、まったく説明がありませんでした。同時にわが家の家宅捜索も行われましたが、もう私たち自身はその場に立ち会うことが許されませんでした。

私たち夫婦と同時に子供たちも全員逮捕されました。シュトゥットガルトとシュナイトハイムに住んでいた娘たちと地元ケーニヒスブロン在住の娘、それに息子のレオンハルトです。私たちは最初、ケーニヒスブロンの村役場に連れて行かれ、そこでしばらく拘留されました。

ケーニヒスブロンではまだ尋問はされず、その後ハイデンハイムに移され、そこに収監されました。ハイデンハイムには一九三九年一一月一三日の夜までしかいませんでした。そこから車でシュトゥットガルトまで護送されました。そこでまた刑務所に入れられましたが、家族はバラバラにされ、それぞれ別の房でした……。

その刑務所の名前はもう覚えていません。私が入れられた房には他に五人の女性たちがいました。私以外の家族はみな、独房でした。

シュトゥットガルトでは一週間ほど拘留されていて、その間、家族と会うことは許されませんでした。私は毎日尋問され、一日に二度の日さえありました。そこで私は初めて、息子がビュルガーブロイケラーの暗殺未遂犯であること、そのせいで一週間閉じ込められていたことを聞かされました……。

私は男たちから息子ゲオルクの経歴について根掘り葉掘り訊かれました。連中が知りたがったのは、私が暗殺のことを知っていたかどうか、ゲオルクが家で何か話していなかったか、誰と連絡を取り合っていたのかというようなことでした。尋問の際に私は暗殺のことは何一つ知らなかったと答えました。だって本当に家族も私もそのことはぜんぜん知らなかったんですから。ゲオルクはそんな心積もりについては一度も話しませんでした。そういう話はなかったんです。私にはゲオルクが暗殺未遂犯だなんて信じられませんでした。内心、あの子がそんな大それたことをするとは考えられませんでしたし……。

シュトゥットガルトの刑務所に一週間ほど入れられた後で、今晩、別の場所に移ってもらうと言われました。それから一人の女性係官がやって来て、その人の同行で私は列車でベルリンまで連れて行かれたんです。そこでも私は他の家族といっしょではありませんでした。そもそも私は当時、家族もベルリンに連れてこられていたこと自体、知りませんでした」

レオンハルト・エルザーはゲオルクの一〇歳離れた弟だが、ラジオでビュルガーブロイケラーの暗殺未遂事件を知った。彼はケーニヒスブロンの鉄工所で指物師の助手をしていたのだが、そこの同僚たちの間でこの事件は大して話題にならなかった。シュヴェービッシェ・アルプの辺鄙な村ケーニヒスブロンでも、国民社会主義者たち（ナチス）が一九三三年に権力を獲得すると入党希望が急増し、彼らの地元組織は、党員不足を託《かこ》つどころではなかった。体操協会からダンススクールに至るまで、村の文化生活はとうに強制的同一化（同質化）がなされていた。祝日ともなれば、村の通りにハーケンクロイツの旗が翻《ひるがえ》った。ドイツの状況はここケーニヒスブロンにも及んでいたのだ。

鉄工所の作業員の間では、ミュンヘンでの総統暗殺未遂事件の報道はあまり大きな関心を呼ばなかった。特に、どこの党員でもない者や、（声高に抵抗することを諦めて）静かな内的亡命へと引きこもった者たちは無関心だった。奇妙なほど兄エルザーに似て物静かな二六歳の青年レオンハルトもその一人だった。彼は政治にはさほど関心がなく、ただ働ける場所があることを嬉しく思っていた。一年二か月前に隣村のイッツェルベルクから可愛らしい女性エルナを妻に迎え、夫婦はちょうど第一子に恵まれたところだった。娘の洗礼名は母と同じエルナにした。このとき一家はレオンハルトの実家の上階、小さな屋根裏部屋で暮らしていた。どの若いカップルでも同じことだが、彼らにも人生設計があった。願いが、そして憧れがあった。

一一月一三日、彼らの平穏な日常は大きく傾《かし》ぐことになった。異例だったが鉄工所の所長がレオンハルトの仕事場にやって来て、いっしょに来るよう、この若者に求めたのだ。ゲシュタポの紳士方が二人、事務室で待っているというのだ。レオンハルトは驚いた。「ゲシュタポが？　いったいこの私に何の用でしょう？」。事務室で二人の男たちは彼に秘密警察の金属製バッジを見せた。あとでレオンハルト・エルザーは調書に次のような供述をしている。

「彼らからいっしょに来るよう言われました。私は着替えたかったのですが、許されませんでした。青の上下の仕事着と指物師の前掛け姿のまま、私は車に乗せられ、シュトゥットガルトに運ばれたんです。いったい何事ですか？　と尋ねても返事はもらえませんでした。シュトゥットゥットガルトに着くと監獄に入れられました。そこは一種の未決監で、収監されていたのは政治犯ばかりでした。

私はすでに三人の男たちのいる雑居房に入れられました。そのあと何度も尋問を受け、そのとき初めて、ミュンヘンでヒトラーを狙って爆弾を仕掛けた容疑が兄のゲオルクに掛けられていることを知らされたのです。ゲシュタポの取調官から何度も訊かれたのは、それについて何か知っているか？ ゲオルクから何か聞いていないか？ ということでした。でも私は何も知りませんでした。まったくの寝耳に水だったんです」

エルナは、夫が仕事場からゲシュタポに連行されたと聞いて、ひどく不安だった。ゲシュタポですって？ レオンハルトとどんな関係があるっていうの？ レオンハルトの両親、姉妹、そしてその夫たちも同じように逮捕されたことを知り、彼女の絶望は募るばかりだった。「お願いだから教えて、いったい何があったの？」。しかし誰一人、これに答えることのできる者はいなかった。

それからの夜々、エルナは一睡もできなかった。彼女は夫レオンハルトのこと、義両親のことを繰り返し考えた。不安でたまらなかった。みんな何をしたっていうの？ なぜシュトゥットガルトで監獄に繋がれているの？

数日後、エルナが洗濯場で洗い物をしていると、家の前に一台の車が停まった。男が二人降り、家の増築部分に作られた洗濯場のドアに向かって歩いてくる。「エルザー夫人だな？」。二人の隊員のうちの一人が単刀直入に訊いた。

「はい」、不安な面持ちで彼女は答えた。二人の男たちは隊員バッジを示した。「ゲシュタポだ。荷物をまとめていっしょに来なさい。あなたを逮捕する」。片方の男が鋭い声でそう告げた。

まだ幼い娘を隣人女性に預かってもらい、母に事情を伝えてくれるよう頼む時間が、エルナにはかろうじて残されていた。数分後、彼女はもう車の後部座席に座っていた。隊員たちは無言だった。エルナ・エルザーは自分の心臓の鼓動が聞こえるような気がした。不安に押しつぶされてしまいそうだった。

一行はシュトゥットガルトに向かっていた。車がビュクセン通りのゲシュタポ付属刑務所の中庭に停まる。彼女は二階に連れて行かれた。尋問が何時間も続く。このときようやくレオンハルトの妻は、自分がなぜここに連れてこられたのかを知らされた。

「あなたの義兄ゲオルクは自分の計略をあなたに話したか？」。小太りの私服ゲシュタポ職員が訊いてきた。

「いいえ」、彼女は狼狽して答えた。

晩に彼女は監視つきで中央駅に連れて行かれた。どこに行くのかわからない列車の前で別の私服職員に引き渡された。それから二人で列車に乗り込み、あるコンパートメントに足を踏み入れた。予約車室だった。

引かれたカーテンの内側でゲシュタポ職員と一人の男が待っていた。その男には見覚えがあった。ヘルマン・ヘラー、ケーニヒスボルンの大工だ。義兄のゲオルクはしばらく彼の家で部屋を又借りしていたのだ。ゲオルクが彼の妻と密通していたことを知り、部屋の転貸借契約を破棄したのがこの男だった。その後ヘラーは離婚した。それがゲオルクと妻との情事のせいだけだったのか、エルナは知らなかった。今二人は黙ったまま向かい合って座っていた。互いの会話はゲシュタポから禁じられていたのだ。

エルナ・エルザーはまだ幼い娘のこと、それから先日来、姿を見ていない夫レオンハルトのことを思った。このとき彼は、数メートル離れた別のコンパートメントに、やはり監視付きで座っていたのだが、彼女には知る由もなかった。彼女の義理の両親と姉妹たち、そのそれぞれの夫たちも実はいっしょだった。つまりエルザー一族全員がゲシュタポによってこの列車に集められていたのだ。行き先はベルリン、国家保安本部だった。

その一族の誰もが自分は孤立させられていると感じていて、誰も他の者のことは知らなかった。特別車両の最後尾の車室には一人の若い女性が座っていた。彼女はエルザー家の人間ではなかったが、ベルリンのゲシュタポ職員たちはこの女性から有益な供述が得られることを期待していた。その名はエルザ。ヘルマン・ヘラーの元妻で長い間、ゲオルク・エルザーと恋仲だった女性だ。

恋人同士が最後に会ったのは一九三九年一月だった。エルザーがシュトゥットガルトの妹の家で数日過ごしたとき、二人で落ち合って散策をしたのだ。エルザは後に次のように供述している。

「彼は私に、自分はミュンヘンに引っ越して、そこで仕事を探すつもりだ、と言いました。以前はよく二人で結婚のことを話していました。でもこのときは二人の考えがまったく一致せず、私は彼がまだ結婚する気がないのだと気づきました。そこで彼に言いました。こんな不確かな関係はもう続けられない、誰か誠実な人が見つかったらその人とすぐに結婚するわって」

彼女の願いが潰えたとき、ゲオルクに対する愛も終わった。その夏にエルザはカールと知り合った。同じエスリンゲンの工場で働く同僚だった。控えめで誠実で、結婚の意志も堅く、彼女にはうってつけの相手だった。この時期、ゲオルクからは短い手紙が二通届いただけだった。その中で彼は、ミュンヘンにすてきな住まいを見つけたこと、家具職人の仕事ができるささやかな工房も確保できたことを伝えてきた。

彼女は返信を認《したた》め、どこでどんな仕事をしていて、収入はどのくらいなのか知りたいと告げた。返事は来なかった。それで彼女は最終的な決断を下した。彼とのことはいい思い出にしよう、それ以上にはならない。彼女は再婚を望んでいたのだ。カールと挙げる結婚式の日取りもすでに決まっていた。

その矢先にあの水曜日が来た。事務所でエルザは同僚たちと暗殺未遂の話をしていた。そのとき同僚で友人のイルムガルトがこう言ったのだ。暗殺未遂犯は逮捕されたようよ、確かエルゼッサーとかいう名前だったわ。名前を聞いた瞬間、彼女は息を呑んだ。直観的に、反射的に。その思いを振り払おうとしたが、そういえば今ゲオルクはミュンヘンに住んでいる……。だけど彼が暗殺未遂犯？ いいえ、彼が犯人だなんて、ありえない……。「私がイェーベンハウゼンに到着すると、あの水曜日のことですけど、家で母から聞きました。あのゲオルクが暗殺未遂事件を起こして、もう家族が全員逮捕されたと。そこで私も初めて、新聞に載った彼の写真を見ました。私は家に半時間もいられませんでした。ゲッピンゲンから来た刑事に母の住まいで逮捕され、そのままシュトゥットガルトの警察本部に連行されたんです。彼からはまるで犯罪者のように扱われ、化粧用品はおろかハンカチ一枚ですら持って出る機会も与えられませんでした。シュトゥットガルトでは尋問はされず、ただ夜までビュクセン通りの留置施設に入れられていました。同じ夜に私は中央駅に連れて行かれました」。後に彼女はそう供述している。

今、車中のエルザはゲオルクと過ごした日々を思い起こしていた。彼は物静かな人だった。家具作りと音楽への情熱以外、何も知らない人。いつも思ったことをはっきり言う人だった。おしゃべりや議論は好きでなかった。ナチスには反対で、よくは言っていなかった。あるとき、二人して居酒屋に座っていると、制服の突撃隊員が一人入ってきて、募金箱を回した。それが何の募金だったのか、もう彼女は忘れたが、自分が小銭を箱に入れたときにゲオルクが腹を立てたことはよく覚えている。「賛成ならいくらか入れるし、反対なら入れない。そのどっちかだ」。彼はそう言って詰《なじ》ったのだ。

列車は夜の闇を突っ切って走る。早朝にベルリンに着くことになっていた。彼女は二人のゲシュタポ隊員の護衛なしで旅行する自分を思い描いてみた。新婚旅行だ。新郎のカールと……。何度も夢見た憧れの帝都ベルリン。広い目抜き通りとおしゃれな店々、そしてすてきなカフェ。今彼女は色彩豊かな夢の世界に向かっていたのだが、できることなら帰りたかった。今その街は彼女を不安がらせた。自分はゲオルクと対面させられるのだろうか？　当局はそもそも私に何を望んでいるのだろう？

ひたすら待つ。ゲオルク・エルザーは朝を待っていた。身も凍える寒さだ。彼はわずかに開いていた独房の窓に歩いて行って閉めた。うっすらと靄《もや》がかかったような息苦しい空気が独房に残った。後で何度も身体の向きを変えてみたが、彼はまったく眠れなかった。へこんだ古いマットレスが敷かれた硬い木製ベッドに慣れることはできなかった。彼は立ち上がり、わずか数メートルのスペースを行ったり来たりした。独房の窓越しに巨大なサーチライトの光が見え、それが飾り気のない漆喰壁に窓の鉄格子の長い影を投げかけていた。夜がこんなにも長くなければいいのに。そう彼は考えた。この孤独をどうしたものか、とりわけこの言いようもない不安を？

罪責感と絶望と無力感。それらが彼から睡眠を奪っていた。彼は思う。自分の母は、そして弟や妹とそれぞれの家族は、何と不幸なのだろう。きっと彼らは困難に直面させられただろう。尋問を受けただろう。エルザーは友人のオイゲンのことも思った。ヒトラー政権は終わらせなくてはならないと、彼に向かって仄めかしたことがあったのだ。彼にはそれを自分の胸の内にしまっておいて欲しい。自分の身を危険にさらすような真似はしないで欲しいのだ。オイゲンは友だちだった。子供の頃からいっしょに遊び、小学校では隣の席に座っていた。午後はいっしょに野原を駆け回り、もっと大きくなっては、民族衣装協会でいっしょになって若い女の子たちに色目を使った。若くして結婚し、今もケーニヒスブロンに暮らしているオイゲン。彼はどうなるのだろう？

このところ、過去の情景が夜毎、ゲオルク・エルザーの脳裏をよぎった。幼かりし頃、青少年時代のケーニヒスブロンのさまざまな情景だった。

第7章 ケーニヒスブロン時代

ヴュルテンベルク王国〔ドイツ最南部。一九一八年のドイツ革命まで存続〕、オストアルプ。人々が質素で敬虔な日々を過ごす地方だが、ゲオルク・エルザーはそこの小高い場所にある小邑ヘルマリンゲンで一九〇三年一月四日に生まれた。

彼の母マリア・ミュラーは二四歳で、実家暮らしだった。彼女の両親は馬車製造業の傍ら、ささやかな農園も営んでいた。息子の誕生から一年経って、ようやく彼女は子供の父親である七歳年上の農家の倅ルートヴィヒ・エルザーと結婚した。彼は近隣のオクセンブルクの出で、そこで一八人のきょうだいたちといっしょに育った。幼いルートヴィヒは早いうちから両親の農場の手伝いをしなくてはならなかった。彼と兄や姉たちにとって、学校から帰ってからが本来の日々の仕事だった。家畜小屋と畑での骨の折れる作業が夜遅くまで続くこともまれではなかった。ルートヴィヒはこうした過酷で、ものに不自由する少年期、青年期を過ごしたにもかかわらず、病気にも罹らず、独り立ちするまでに育った。がっしりとした体軀の、やや無愛想な印象を与える若者、若き農夫だった。その彼がマリアを自分にふさわしい伴侶とみなしたのだ。

一九〇四年一一月、若い二人は結婚式を挙げるとすぐに、幼いゲオルクを連れてヘルマリンゲンから数キロ離れたケーニヒスブロンに転居した。そこでルートヴィヒは親の遺産をはたいて家屋敷を購入し、材木商を始めた。その傍ら若夫婦にはささやかな農園もあって、農作業の負担は主に妻マリアにのしかかっていた。これは、一九〇四年一〇月一九日に二人目の子供となる長女フリーデリケが生まれたときも変わらなかった。マリアは母であり、主婦であり、農婦だった。早朝から夜晩くまで、来る日も来る日も。彼女は実家でそういう両親を見て育ったので、文句も言わず、おとなしく自分の義務を果たした。二年後、彼女に三人目の子供が生まれた。また娘だった。その子はマリアと名付けられた。

そのとき三歳半になっていたゲオルクは、小柄でどちらかというと大人しい子供だった。何時間も家の横の庭に座って一人で過ごすか、砂場で妹のフリーデリケと遊んでいた。喧嘩はめったにしなかった。彼が特に喜んだのは、ヘルマリンゲンの祖父母の家に家族そろって出かけるときだった。そこにはレモネードとケーキが用意してあり、少しばかり焼きソーセージが出ることもあった。そして何より、そういう日には両親が数時間、つらい日常を忘れて、彼とフリーデリケの相手をして遊んでくれたのだ。特に母親は自由に過ごせる数少ない日曜日を満喫していた。

ゲオルクが小学校に上がる直前の一九〇九年五月二一日、夫婦に四人目の子供が生まれた。弟のルートヴィヒだ。しかしこの子は長くは生きられない定めだった。生まれて六年も経たない一九一五年一月四日、弟は肺の病いで亡くなってしまった。一九一〇年一〇月一〇日にアンナが生まれ、その三年後の一九一三年六月一日にまた男の子が誕生した。この子はレオンハルトと名付けられた。

エルザー家は今や大家族となっていた。当時これは珍しいことではなかったが、それほど多くの口が養われることを欲していたということだ。父親の材木商は経営を続けていくのがやっとの状態で、あいかわらず母の双肩に任されていた小農園からの上りもごくわずかだった。ゲオルクは幼い頃から、家畜小屋や畑や家で手伝わねばならなかった。最年長だった彼はいつも、弟や妹の子守りまでさせられた。

しかし傾いていたのは一家の経済状況だけではなかった。夫婦の間でも諍いが絶えず、摑み合いの夫婦喧嘩となることもまれではなかった。父親はさまざまなトラブルを酒の力でごまかし始め、酔っ払うと暴力をふるい、攻撃的になった。

のちにゲオルク・エルザーはこの重苦しい幼年時代をこう述懐している。


「父は毎日ではなかったが、夜更けに帰宅することがよくありました。私の知る限り、飲み屋に入り浸っていたようです。母は私たち子供に向かって、お父さんからしょっちゅう殴られるのよと言っていました。でも私がそれを自分の眼で見たわけではありません。父が母を手で殴っただけなのか、それとも椅子やランタンその他の物を使ったのかは知りません。私たちが夜中に帰宅した父にベッドから呼び起こされ、ブーツを脱ぐ手伝いといったあれこれの用事をさせられることもありました。夜、酔っ払った父から私たちが殴られたことがあったかどうかは、思い出せません。たぶんなかったと思います。素面の父からはよく殴られましたが、そもそも殴られたのは私が何かしでかしたときだけでした。めったにありませんでしたが、たまに母からぶたれることもありました。父が酔っ払って家に帰ってくるといつも、私たちは夜中に目を覚ました。いつも父は家に入ってくるなり、怒鳴っていました。父は土曜日に呑んだくれるだけではありませんでした。週日にそうすることもあったので、私たちはいつもビクビクしていました。私の知る限り、父はビールとワインしかやらず、シュナップス〔火酒、アルコール度数の高い蒸留酒の総称〕は飲まなかったと思います。父が母に向かって、もう二度と飲まないと約束しているのを聞いた気もしますが、覚えていません」

長い間、マリア・エルザーは夫の発作的な怒りを我慢してきた。しかしあるとき、それは一九一〇年の夏だったが、夫婦喧嘩をしてまた夫から殴られた彼女は、子供たちを連れて一週間、家出をした。ゲオルク・エルザーはそのときのことをこう述べている。「その週の間、母は私たち子供といっしょにヘルマリンゲンの実家に身を寄せていた。そこに父の妹が私の母にケーニヒスブロンに戻るよう説得しに来た」

同じ年にゲオルクはケーニヒスブロンで国民学校に通い始めた。その後の彼は中程度の成績だったが、特に関心をもった科目、例えば図画や算数、習字（カリグラフィー）ではいい成績をもらった。図画の授業で彼は注目されたことがあった。小さな風刺画（カリカチュア）を描いて、教師や生徒たちの横に愉快なセリフの吹き出しをつけたのだ。こんなこともあった。授業中にスケッチの課題をやらされていたとき、彼は作業の合間にちょうど自分で描いた風刺画の一つに色を塗っていて、それを教師に見つかってしまったのだ。「ゲオルク！」。教師が厳しい口調で言った。「ちょっと来なさい、君の絵も持ってくるんだ……」。うなだれていた小柄なゲオルクは、クラス中のニヤニヤ笑いのなかを立ち上がり、おずおずと教卓に向かった。全員、雷が落ちるものと思っていた。細いマンジュー髭〔米国の俳優アドルフ・マンジューに因んで名付けられた髭〕を生やし、まるまると太って貫禄のある教師は、差し出された紙を一瞥した。すると彼の表情がふいに緩んだ。「君にはファンタジーの力があるね、それに腕もいい……」。そう言うと先生は小さな絵を没収し、ゲオルクを席に戻らせた。怒られなくてホッとすると同時に、自分の絵がみんなの前で褒められたことが嬉しかった。さらに四年生のときにも彼の画才が認められたことがあった。図画の成績がよかったので担任の先生から新品のノートをプレゼントされたのだ。ゲオルクはとても誇らしかった。もったいなくてそのノートに絵を描くことが長い間、ためらわれたほどだった。

一方、彼の両親は息子の学校生活について、とりたてて強い関心をもっていなかった。のちにゲオルク・エルザーは尋問の際に、これについて次のように述べている。「私が覚えている限り、両親は私が持ち帰る通知表にあまり頓着しませんでした。私は親から、成績がよかったのか悪かったのかも聞かれた記憶がありません。とはいえ家で両親はいつも何かにつけて私を手助けしてくれました。私は家で農作業を手伝わなくてはならなかったので、勉強がだんだん困難になっていったからです」

いずれにしても父にとっては、ゲオルクができのいい生徒であることは大して重要ではなかった。だめな生徒でないことが分かれば、それでよかった。ただ彼は落第だけはするなと言われていた。ゲオルクは父の会社の労働力として期待されていて、いつかは材木商を継ぐよう求められていたのだ。それには模範的な成績は必要ない。そう父親は考えていた。ゲオルクには手に職をつけてもらいたい、その修業は早ければ早いほどよかった。

一九一七年春、ゲオルクはちょうど一四歳になったときに国民学校を終えた。彼の修了成績は中程度だったが、好きな科目の図画と算数の評点だけはよかった。秋が来るまで彼は父の木材運送業を手伝ったが、どちらかと言うといやいやながらだった。悪天候の日も毎日一〇時間の辛い仕事だった。週末になると彼は母の農作業を手伝った。特に野良仕事と畜舎での家畜への餌やりだった。

家ではさんざん働かされたが、手当はもらえなかった。長男はそんなものを要求したりしないものだ。両親は当然のようにそう考えていた。しかしゲオルクにしてみれば、小遣いまで断念しなくてはならないのは納得がいかなかった。村の同年代のように少なくとも二、三マルクはもらいたかった。それは欲張りすぎだろうか？　日曜日が週で唯一の休みの日だったが、彼は他の若者たちのようにレストランでレモネードを頼むこともできなかった。それが恥ずかしくて、彼は次第に日曜も家で過ごすようになった。そして月曜からまた責め苦のような一週間が始まるのだ。それでも彼は文句も言わずにそれを受け入れた。

ゲオルクがある晩、鉄工所の旋盤工見習いに応募するつもりだと話すと、父は冷たい反応を見せ、声を荒らげた。「お前はそんなところで一体何がしたいというんだ？　俺を困らせたいのか、お前には家業を継いでもらうんだぞ」。しかしゲオルクは父親の怒声に気圧《けお》されることはなかった。友だちのオイゲンのように自分も旋盤工の修業を積むんだ。彼はそう心に決めていた。この決意がどのように固まっていったのか、尋問を受けた際に彼は次のように述べている。

「旋盤工になりたいと思うようになったのは、級友のオイゲンが学校を終えてすぐに金属加工業者のところに修業に入ったからです。彼がこの職業のよさを私にことさら吹聴したわけでもなく、彼が工房で製作した部品を私の家に持ってきて見せてくれたからでもありません。友だちが旋盤工だという事実だけで、もう私は心を動かされました。ただなぜこの職種なのかということは、自分でもよく分かっていませんでした。

父の材木業と農業は、以前からずっと好きではありませんでした。農作業を手伝ったのは、それが楽しかったからというより、ただ母を助けたい一心でした。馬を扱うのもあまり性に合っていませんでした。それに何頭か、馬の死を目の当たりにして、それで運送業への関心もなくなってしまいました」

大切な労働力が奪われてしまうという父の非難も、ゲオルクの決意を覆すには至らなかった。母からの支援もあって彼は見習いに採用され、一九一七年の秋から旋盤工としての修業を始めた。工房には二人のマイスター（親方）と、多いときで四〇名の作業員、それからゲオルクを含めて五名の見習いがいた。そこは昼夜二交代制だった。ゲオルク・エルザーはそこでの仕事を次のように回想している。

「鉄工所に雇われてからの三か月間、私は年長の旋盤工の補助作業をするよう言われました。例えば固定用の工具を運んだり、言われた材料を持って行ったりしました。もちろん私はまだ仕事を任せてはもらえませんでした。最初の三か月が終わると、小さな旋盤を任され、親方の監督のもと、自分で作業することが許されました。私はネジを切ったり、ボルトを作ったり、金床を研磨したり、その他もろもろの小規模な旋盤加工をするよう言われました。しばらくすると私は大きめな旋盤を使わせてもらえるようになりました。私のそれまでの旋盤が、特に金床の研磨には、あまりにも簡素な仕様だったからです。そのあとからは少し難しい旋盤加工も任されるようになりました」

工場内ではよく重い鉄の粉塵が積もっていることがあった。そして奥のエリアでは鉄が熱せられていたので、そこからフロア中に熱気が放散されていた。数か月もすると早くもゲオルクは、ここでの仕事が自分の健康には合わないことに気づいた。彼は頭痛と吐き気に悩まされ、急に熱を出すことも珍しくなかった。何度か医院に行ったが、医師にもどうしようもなかった。

一九一九年の二月末に彼は会社の事務所に行き、自分はここでの仕事に耐えられないので見習い修業を辞めたいと申し出た。二週間後に彼は鉄工所を去った。もう親友のオイゲンと昼休みを過ごすことができないと思うと悲しかった。それに近くのハイデンハイムの専門学校に通えなくなることも残念だった。彼はそこの旋盤工養成クラスで優秀な生徒の一人だったのだ。他方、彼は修業を始めた直後から、自分には鉄を相手にするより木の方がいいということに気づいていた。

彼は自宅でささやかな工具のコレクションを始めていた。そのための資金は父が出してくれた。親が払う見習い修業の費用は全額そのまま親方に納めなくてはならず、ゲオルクの手元には何も残らなかった。あいかわらず彼は小遣いももらえなかった。そうなると日曜日が来ても工作をして過ごす以外、何ができただろうか?

ゲオルクは木製のウサギ小屋を建て、小さな本棚を作り、壊れた家具を修理した。したがって彼が家具職人の修業をする決意をしたのは、もっともなことだった。ゲオルクは鉄工所での修業期間中に、すでに家具職人のザッパー親方と知り合っていた。親方はエルザー家のすぐ近くに工房を構えていて、ゲオルクは父に頼まれてその工房から、家畜小屋に敷くための大鋸屑や鉋屑をもらってきたことがよくあった。そんな折りに彼は職人の仕事ぶりを眼にしていた。それもあって、彼のなかに家具職人の仕事への関心が呼び覚まされたのだ。

一九一九年三月一五日にゲオルクは新たな見習い修業に入った。後に彼はそこでの仕事についてこう述懐している。「働き初めの頃は、簡単な木箱や足台、スツールといった、特別な技術を必要としない家具を作らされました。木材を切って、削って、鉋をかけたり、組み立てたりしました。仕事はだんだん難しくなり、見習い期間が終わる頃には、大きくて重い家具を自分で作ることができるようになりました。それがとても嬉しくて、私はますます興味を抱くようになりました」

工房の業務には建築現場での大工仕事も含まれていたが、ゲオルクはそれにはあまり興味を引かれなかった。現場での粗い作業につきものの汚れや埃が好きではなかったのだ。彼には家具工房での精密な職人仕事の方がよかったし、親方から褒められたのもこちらの方だった。

ゲオルクは並外れて才能のある家具職人と目されていた。設計と施工の両方で卓越していた。しかしその立派な仕事ぶりに反して、徒弟の給金は雀の涙ほどだった。徒弟一年目は週給一ライヒスマルクで、二年目は二ライヒスマルク、三年目でやっと四ライヒスマルクになった。今ではゲオルクの両親は、このわずかな給金を彼から取り上げることを諦めていた。その金の一部でゲオルクは自分の服も買ったが、多くは鉋やドリル、ヤスリといった木材・金属加工用の工具に費やし、実家の地下室にささやかな工房を設えた。

ゲオルクは熱心な徒弟だった。その仕事ぶりは文句のつけようがなく、あらゆる作業を良心的にこなし、ほとんどミスをしなかった。一九二二年春にはハイデンハイム実業学校での職人試験に首席で合格した。この結果に親方も職人仲間も、そして彼の父でさえ満足した。ゲオルクは幸せだった。目標を達成し、人生で初めて自分が本当に認められたと感じたのだ。

同年一二月まで職人としての修業を続けたあと、彼は辞職を申し入れた。アーレンのリーガー家具工房で働くためだった。ゲオルクの職人としての並外れた能力を当てにしていた親方は、その申し入れを拒絶した。一九二三年初めに彼は再度、辞職の意を伝えたが、そのときも親方の同意は得られなかった。それ以降、ゲオルクはもう仕事場に出なくなった。二週間後に彼はアーレンで家具職人のポストに就いていた。そこでの彼の担当は特に台所と寝室用の家具の製作だった。

彼は実家の自分の部屋をそれまで通り使った。毎日、朝早くに鉄道でケーニヒスブロンからアーレンまで通い、晩の遅い時間に帰ることが多かった。のちに彼は当時を思い起こしている。「会社で同僚たちとなんらかの友人関係を築くことはありませんでした。自由時間にはあいかわらず家で、頼まれていた家具の修理をしました。もう趣味で工作をする時間は残っていませんでした」

ゲオルクの生活は仕事を中心に回っていた。日曜日だけは気晴らしをする時間があった。そんなとき彼は親友のオイゲンと会った。ゲオルクは彼のことを信頼していて、自分の考えを打ち明けた。彼とは仕事を辞める話もしていた。「なあ、オイゲン、今の工房じゃ、もう仕事に見合う給金がもらえないんだ。あそこだと自分の仕事をきちんとこなしても、もらえる金では何も買えないとくる。いいかげん辞めたくもなるよ」

一九二三年秋に彼は辞表を提出した。決断は気が重かったが、同じ運命を分かち合った同僚たちの多くとは異なり、彼は次第にひどくなるインフレから結論を導き出したのだ。それは厳しく重大な結論だった。それに伴って彼は実家の農業に戻ることとなった。このことについて彼はのちにこう語っている。「私は以前のように母の畑仕事を手伝い、当時、材木商をしていた父に対しても、枝下ろし、伐採、間伐といった森林作業に協力しました。手当とか小遣いといったものは母からも父からももらっていません。家で寝泊まりして食事も出ましたから。あの頃は、時間があれば友人オイゲンのところに行ってました。彼は家に蓄音機を持っていて、ダンスを教えてくれました。あの頃は木工の仕事はほとんどしませんでした。そんなふうに私は一九二四年の夏まで実家で働いていました」

その頃、彼はまたハイデンハイムのある家具工房に職を求めた。技能証明書の優れた成績のおかげで三日後には採用が決まった。彼はとても嬉しかった。実家で過ごした数か月で、もう父親とはいっしょにやっていけないことがはっきりしたからだった。ゲオルクは、もう二一歳になっていたのにあいかわらず自分を小僧扱いして、あれこれ命令しては癇癪を起こす父に苦しんでいたのだ。

ハイデンハイムでも彼の仕事ぶりは、親方が心底満足できるものだった。大鋸屑が散乱する木造の工房で衣裳ダンスや台所用の家具を製作するこの痩身の職人は、すぐにきわめて有能なスタッフと見做されるようになった。同僚たちも静かで控えめな彼を高く買っていた。

それだけに、ゲオルクが一九二五年一月、「他所」に行きたいので仕事を辞めたいと工房のオーナーに伝えたときには、誰もが失望の色を隠さなかった。また辞表を提出するという決断は、彼の職場の状況とは何の関係もなかった。たとえ彼がときおり、そこでは自分の専門能力に十分磨きをかけることができないと悩んでいたにしても。確かに彼はたびたび自分の職人としての能力以下の仕事をさせられていると感じていた。しかし彼の決断はより根本的な熟考の末に下されたものだった。

彼はここ数週間で、ケーニヒスブロンの暮らしが自分を縛り付け、麻痺させ、それどころか憂鬱にさせていることに気づいた。ますます酒浸りとなっていく父の短気で横暴な態度、夫の暴力から身を守る術を知らない母の哀れな状況。母に同情していても彼には何もしてあげられなかった。そしてきょうだいたちとのうわべだけのよそよそしい関係。彼と妹や弟との間には共通する関心事が何ひとつなかったのだ。

後に妹のマリアがこう述べている。「兄は少し独特な性格でした。不愛想で妹や弟である私たちともあまり関わろうとせず、いつも我が道を行くというふうでした」。一〇歳年下のレオンハルトはこう振り返っている。「兄のゲオルクとは、子供の頃からずっと、あまり仲が良くありませんでした」

ゲオルクは他人に心を開かない控えめな人間だった。口数も少なく、テーマがなんであれ議論を避けた。級友たちや後の職場の同僚たちと親しく交友を結ぶことはほとんどなかった。どちらかと言うと物静かで繊細な音楽家タイプで、在学中からフルートとアコーディオンを演奏し、後には小規模な集まりで腕前を披露してみんなを楽しませた。彼は人気の的だった。特に女の子たちに好かれたが、それは彼が他の若者たちのようなうるさく騒ぐ連中とは違っていたからだ。

ゲオルクは我が道を行くタイプだったが、幼馴染のオイゲンとだけは親しい関係を続けていた。唯一仕事が休みとなる日曜日、二人してケーニヒスブロンから散策に出かけるときには、オイゲンに自分の心配事やトラブル、計画を語った。「なあ、オイゲン、僕は放浪の旅に出ようかと思うんだけど」。二月のある日曜日、六キロ離れたオーバーコッヘンに向かう途中でゲオルクは彼に打ち明けた。「分かるだろ？　ここケーニヒスブロンじゃ、もうあまり楽しいことがないんだ」

オイゲンは友の言葉の中に、旅への興奮というより、憂鬱と失望を聞き取った気がした。オイゲンは何がゲオルクをそこまで落胆させたのか、うすうす気づいていた。父親の絶えざる怒りの発作とそのアルコール依存だ。オイゲンは考えた。もしかすると、のどかな田舎の牧歌的な風景と実家での神経をすり減らす忙《せわ》しない生活との間の大きな落差も一因となって、ゲオルクの心にどこか別のところに行きたいという思いが目覚めたのかもしれない。彼の放浪はひとつの逃走なのだろうか？　他所できちんとした生活を見つけようとする試みなのか？

オイゲンは友人の意図をどう受け止めるべきか、確信がもてなかった。喜んだ方がいいのか、それとも悲しんだ方がいいのか？　それにゲオルクがいなくなったら寂しいだろうな。散歩やおしゃべり、二人でのいろいろな活動ができなくなる。彼の音楽、彼の助言、彼の勇敢さともお別れだ。

第8章 異郷への旅立ち

一九二五年二月二六日。ヒトラー一揆〔ミュンヘン一揆のこと〕の後で発禁処分となっていたナチスの機関紙「フェルキッシャー・ベオバハター」がついに復刊の日を迎え、その紙面で翌二七日にビュルガーブロイケラー〔ビアホール〕において国民社会主義者たちの集会が開かれることを報じた。そこは数年前に国家転覆の試みが挫折した場所であった。「フェルキッシャー・ベオバハター」の題字の下には「新たな始まり」という見出しが踊っていた。題字の中央にはそのとき法により保護されていたＮＳＤＡＰの「国章」であるハーケンクロイツ（鉤十字）と鷲があしらわれ、鷲の上には小さな文字で「自由とパン」と書かれていた。題字のすぐ下には「発行人　アドルフ・ヒトラー」の文字も見える。この「フェルキッシャー・ベオバハター」紙は、一九二〇年一二月にヒトラーとおそらくは国防軍の黒幕たちが、「ドイツの種のための結社」であるトゥーレ協会から、一二万パピーアマルクで買い取った新聞だったが、一揆直後の一九二三年一一月九日に発禁処分となっていた。六段組という珍しい大判で発行されていた国民社会主義者たちの闘争紙は、禁止されたその日まで、日刊三万の部数を誇っていた。

一九二二年まで多くの社説を書いていたヒトラーは、その後は同紙に自らの演説を掲載させた。すでに初期からその記事は支持者らの闘争意志を煽る、憎しみに満ちたアピールとなっていた。例えば一九二二年三月六日の同紙に彼はこう書いている。「我々は国民を高揚させたいと考えている。そして高揚させるだけでなく、鞭打って奮い立たせるつもりである。我々は戦いを促したいのだ。それはあの議員連中すべて、いっこうに終わろうとしないこの体制すべてに対する容赦なき戦いである。この体制のままドイツは完全な破滅へと追い込まれるのか、それともいつか、鉄のごとき堅固な頭蓋をもつ者、汚れた長靴を履いていても汚れなき良心と鋼の拳をもつ者が現れて、国会の三文役者たちの駄弁を黙らせ、国民に自らの行動力を示すのか」

一九二五年二月二七日には、一一月一揆〔ミュンヘン一揆〕の後で同じように禁止されていたNSDAPが、同じ党名で再結成されることになった。ヒトラー自身が後に面白おかしく「国費による学生時代」と呼んだ刑務所での収監期間は、すでに一九二四年一二月二〇日に終了していた。公式記録によると、このとき免除された残りの刑期は三年と三三三日、二一時間五〇分だった。同刑務所の所長は、ミュンヘン第一ラント裁判所の検察局からの要請を受けて、早くも一九二四年九月一五日に、ヒトラーが模範囚であったとする証明書を交付していた。

「ヒトラーは自身が秩序と規律の人間であることをアピールし、囚人仲間との関係でもそのように振舞った。……彼は質素で慎ましく、好ましい人物だった。何の要求もせず、静かで物分かりがよくて真面目である。よけいなことは一切せず、刑罰としてのさまざまな制約を守ろうと、痛々しいまでに努めていた。また彼は個人的な虚栄心を知らぬ人間で、刑務所での食事に満足しており、酒も煙草も嗜まず、きわめて友愛心に溢れていたが、それでいて囚人仲間たちの間で一定の権威を保つ術を心得ていた……。このあとヒトラーは、国民的な運動を、彼の言う意味で新たに燃え上がらせようと試みることになる。ただしもはや以前のように、必要とあらば政府に対して暴力的な手段をも辞さないというのではなく、しかるべき政府機関と連携して事に当たるという方法が選ばれた」

一二月二〇日、ミュンヘンから一通の電報が届いた。ラント裁判所の裁判官らがヒトラーの即時釈放を命ずる内容だった。これでランツベルク刑務所での彼の刑は終了した。ただでさえ彼はそこで信奉者たちに囲まれて、何の苦労もなくすごすことができていた。ヒトラーは毎日、ハーケンクロイツ旗の飾られた広い会議室で彼らと一緒に食事をした。囚人仲間が彼の独房を整頓された状態に保ち、郵便物を管理し、毎朝「総統への報告」を行った。城塞禁固はどちらかというと、将校クラブでの滞在に近いもので、囚人たちは看守に自分の好きな食事を注文し、煙草を吹かし、シャーフコップ〔トランプゲームの一種〕に興じ、自由に外部の面会人を迎え入れることができた。本来であれば週に六時間しか面会が許されていなかったヒトラーは、特別に用意された「城塞の間」で、立て続けに二〇名以上の来客を迎えることも少なくなかった。

またヒトラーは、大勢の忠実な僕《しもべ》たちを従えて、定期的に刑務所の庭園を散歩した。夜、彼が同志に向かって自らの理念やビジョンを語り始めると、刑吏たちでさえ静まり返り、崇敬の念に身を固くしてその言葉に耳を傾けた。

ヒトラーは公の政治活動の休止を余儀なくされたこの投獄期間を活用して、自らの体系的世界観の基礎となるものをまとめた。ルドルフ・ヘスがヒトラーのイデオロギー的思想をタイプライターで何時間もぶっ通しで打ち込んだ。ヒトラーはこの文書において、釈放後に厳格な綱領となるべき内容を文章化した。それが信条表明の書『我が闘争』であり、その上巻は一九二五年に「ある清算」という副題で出版された。

釈放後の初イベントとなったのが一九二五年二月のビュルガーブロイケラーでの集会で、ヒトラーはいままでは数え切れないほど多くに分裂した民族グループや諸団体を招集した。時に対立し、互いをライバル視していた者たちである。この集会はヒトラー自身の政治的意図やビジョン、行動計画を発表するためのものだった。イベントはようやく午後八時に始まったが、すでに昼過ぎの早い時刻から聴衆が会場に押しかけてきた。そのため開会二時間前に会場係はすべてのドアを閉めなければならなかった。約四〇〇〇人の信奉者たちが緊張の面持ちでヒトラーを待っていた。ついに彼がビュルガーブロイホールに足を踏み入れると、大歓声が巻き起こった。

ヒトラーは二時間の演説で聴衆たちに、過去を水に流し、争いの矛《ほこ》を収め、互いの敵意を捨て去るよう呼びかけ、彼のリーダーシップの下でドイツの歴史をともに引き受けようではないかと促した。「世界ユダヤ精神」は撲滅されねばならず、マルクス主義は打倒される必要がある。我々の前には新たな始まり、新たな民族運動が控えている。彼はそう断じた。

ヒトラーの演説は聴衆を熱狂させた。一九二三年の（ミュンヘン一揆失敗の）屈辱は忘れ去られた。あとは「前進」あるのみ。これが大躍進の突破口だったのだろうか？

そこから三〇〇キロほど離れた僻村オーバーコッヘンでは、時がゆったりと流れていた。日曜日だった。料理屋の「ヒルシュ」亭では、ゲオルクとオイゲンが座って「フィアテレ」〔二五〇CCのワイン〕を飲みながら、フリーデルの到着を待っていた。田舎の牧歌的な静けさに包まれたこの僻遠の村にも、民族主義の気配は確実に押し寄せてきていた。ここでもマルクス主義の脅威を説くことで人々の不安が掻き立てられ、彼らの脳裏には敵のイメージが刻み込まれた。とはいえ、大都市ミュンヘンでのような「民族主義的な運動」は、ここではまだ息を潜めていた。政治が話題に上ることはなく、ゲオルクとオイゲンにとっても同じだった。彼らが語り合ったのは自分たちの計画や夢についてであって、政治ではなかった。

ここ数か月、二人は寒さと雪でかなりたいへんなときでも、よくケーニヒスブロンからここまで歩いてきた。二人は豊かな自然と広大な景観を楽しんだ。そんなとき二人の胸は、慣れ親しんだ故郷にいるような安心感と旅立ちへの憧れとが奇妙に入り混じった感覚で満たされた。

二人は定期的にヒルシュ亭に立ち寄った。店の主人は丸々とした体型の気さくな人物だった。安くておいしい料理を席に運んでくると、いつも立ち止まって客たちとしばらく「歓談」をした。ゲオルクがオーバーコッヘン出身の屈強な若者フリーデルと知り合ったのもこの店だった。彼も家具職人を生業としていた。ゲオルクがフリーデルに、自分は異郷《よそ》に行くつもりだと伝えると、フリーデルはボーデン湖の近くの小村ベルンリートに家具工房を構える親方の住所を教えてくれた。彼自身、遍歴修業をしていた頃、そこで仕事にありついたことがあったのだ。

フリーデルはこう言った。

「あそこならいろいろ習得することができるぞ、なにしろ親方はみんな独自の技術、独自のスタイルを持っているからな」

すぐにゲオルクはその工房に手紙を書いて、色よい返事をもらっていた。早くも五日後に家具工房の親方が、「うちでは職人から始めてくれていい、三月一五日から出勤してほしい」と書いてよこしたのだ。この日曜日にゲオルクは、フリーデルとオイゲンの三人で「実りある遍歴修業に！」と言って乾杯した。

三月一四日にゲオルクは列車でテトナングまで行き、そこからベルンリートまで二時間以上かけて歩いた。工房に到着した彼は、自分がそこの唯一の職人であることを知った。仕事も期待外れだった。以前の工房と同様に家具を作るよう言われたのだが、ここの工房には手製の丸鋸以外に工作機械が一つもなく、鉋がけすら手作業でしなくてはならなかったのだ。

ゲオルクはすぐに気づいた。この工房で自分の技能に磨きをかけることなど、どだい無理な話だった。それに村も気に入らなかった。ベルンリートには家が数軒しかなく、彼はたちまち孤独を託《かこ》つようになったのだ。それで五月には仕事を辞め、安定した勤め口が見込めないまま、さらに遍歴を続けることとなった。後に彼は異郷を放浪したこの最初の数週間を次のように回顧している。

「私はまずランゲンアルゲンに行き、そこからボーデン湖に沿ってフリードリヒスハーフェンとマンツェルに向かった。ベルンリートからフリードリヒスハーフェンまでは徒歩で一週間ほどかかった。私は旅館を泊まり歩き、途中、いろいろな所で仕事を探したが、見つからなかった。この遍歴の途上、私はいつも独りだった。このときもその後も、物乞いをしたり行商をしたりしたことは一度もない。宿代は自分の蓄えから払った。フリードリヒスハーフェンの職業安定所にも問い合わせてみたところ、マンツェルのドルニエー工場が熟練の家具職人を探しているという話を聞いた。私はこれに決めて、そこのプロペラ製造部門に就職した。この部門には一五〜二〇人ほどが在籍していた。観光シーズンと重なり、工場の近辺には宿が取れなかったので、マンツェルとマルクドルフを結ぶ鉄道の沿線にあるクルフテルンという村に部屋を借りた。毎日、マンツェルとクルフテルンの間を列車で往復した。クルフテルンで泊まった宿の名前はもう覚えていない。この職場では、出来高払いと長時間の残業でかなりの稼ぎになった。少なくとも以前より実入りはよかった」

ゲオルクはこの頃、その会社でやはり家具職人として働いていた青年レオと親しくなった。この二人にはもう一つ、共通点があった。レオも楽器の演奏が好きだったのだ。

ときどき二人は、日曜日の暖かい陽気に誘われるようにして、列車でフリードリヒスハーフェンやコンスタンツに行き、湖畔を散策して途中の料理宿に立ち寄ることもあった。夜に帰宅すると、レオはクラリネットを取り出して、ゲオルクのためにささやかなプライベートコンサートを開いてくれて、こう提案した。「なあ、二人でコンスタンツに行こう、あそこなら民族衣装協会のダンスオーケストラでいっしょに演奏できるぞ？　君は君のアコーディオンで、僕は僕のクラリネットで。なんとかなるよ……。歓迎されると思うんだ」

人前で自分の音楽的才能を披露することには、いつもいささか消極的だったゲオルクは、このときも首を横に振った。彼は「どうやってオーケストラのリハーサルに出るんだい？」と心配げに問い返した。「そのためにはコンスタンツに行かなきゃならないじゃないか」

レオは笑って言った。「それならそこで新しい仕事を探すまでさ！」

それからの数日、二人は今の高給の仕事を辞めて、いっしょにコンスタンツに行く計画を何度も話し合った。そして八月、ついに機は熟した。レオがとうとうゲオルクを説得したのだ。二人は仕事を辞めて、船でフリードリヒスハーフェンからコンスタンツまで渡った。ゲオルクにとってそれは生まれて初めての船旅だった。まるで大西洋横断の旅に出るような気分だった。彼には湖が無限に続くかのように見えた。水平線のはるか彼方では黒々とした雲が湖水に潜り込むように見えた。ゲオルクはケーニヒスブロンのこと、母、そして友人オイゲンのことを思った。コンスタンツに着いたら絵葉書を送ろう、彼はそう心に決めた。

二人は数日後には早くも時計製造会社で家具職人のポストを見つけた。そこは完成品の大型置き時計を販売する工房で、その木枠も自社製造していたのだ。仕事の内容は多岐にわたっており、それがゲオルクは気に入っていた。彼はこの会社に一九二九年の年末までいたが、注文不足のためオーナーが何度か変わり、あるときなどは倒産に追い込まれてしまった。彼にとって、それは数週間の、場合によっては半年も続く断続的な仕事の中断を意味した。

この運命をゲオルクは多くの同僚たちと共有した。数か月間、彼は失業手当と貯金で食いつないだ。仕事もせずに漫然と日を過ごすことは、彼の世界観に反していた。若い頃からずっと働きづめで、自分の手仕事を愛していた彼、それどころか全身全霊で仕事に打ち込んできた彼にとって、こうした状況は辛いものだった。

一九二九年の始め、当時は「オーバーライン時計工房」という社名になっていた会社が数か月前から再び生産停止に陥っていた。それでゲオルクはスイスで六か月間、家具職人として働いた。新聞広告を見て、コンスタンツの南一〇キロの小村ボティックホーフェンに新たな働き口を見つけたのだ。

そこでゲオルクは一・三〇スイスフラン、つまり一・〇四ライヒスマルクの時給で家具を製作した。早朝、彼は部屋を借りていたコンスタンツからボティックホーフェンまで自転車を走らせた。税関で自転車に鉛のタグをつけてもらい、「簡易国境通行証」をもらっていたので、検問を受けずに国境を越えることができた。スイスで小さなアパートを借りようと思ったこともあったが、その後もずっとコンスタンツに留まり、ここ数年はそこが第二の故郷のように思えてきていた。もうレオとは疎遠になってしまったが、その代わりに新しい知り合いができた。

ゲオルクは民族衣装協会のオーケストラで、その音楽の才能ゆえに、もはや欠くことのできない演奏仲間となっていたが、そこだけでなく今ではコンスタンツの「自然愛好会」でも歓迎される会員だった。政治的に同じ考えをもつ者たちのなかで彼は居心地のよさを感じた。それでも彼は自分の意見をはっきり言うことに関して控えめだった。大言壮語するタイプではなかったのだ。政治的な問題に短くコメントすることはたまにあったが、それ以上そのテーマについて語ることはなかった。彼を深く知るようになると、人はゲオルクが二つの面をもっていることに気づいた。一方で彼は言葉数の少ない物静かな男で、内に籠り、ときには内向的で、ときには照れ屋のようにも見えた。しかしその反面、社交的で人を楽しませるゲオルクもいた。彼は仲間たちと一緒にいるのは好きだが、それでいてみんなの注目を一身に浴びたいとは思わなかった。彼は、特に自分の職人としての能力を発揮できるところではどこでも、手伝いを買って出た。

彼の控えめな態度と魅力的な外見は、特に若い女性会員たちの間で人気だった。ゲオルクは他の若者たちとはまったく違っていた。ほとんど酒を飲まず、気取ったところもなく、非常に魅力的だったのだ。コンスタンツ時代の彼は、恋人として理想的な男性とみなされていた。「そこで私は何人かの若い女の子たちと次々に親しくなって、大忙しでした。そのうちの何人かとはけっこう長続きしました」と、彼は後に当時を振り返っている。

そんな女性たちの一人との関係が、その後、問題となった。彼の恋人マチルデが妊娠したのだ。それを喜ぶことは二人ともできなかった。どうやって住む場所を見つければいいのか？　最近は仕事にありつけない日が多いゲオルクが三人家族をどうやって養っていくのか？　そしてとりわけ、二人はそもそも結婚を望んでいるのか？　確かに二人とも相手が好きだし、愛し合っていた。しかしそれだけで結婚できるのだろうか？　マチルデとゲオルクは、自分たちの置かれた状況や将来のことを幾晩も語り合った。後に彼は次のように供述している。「あの頃マチルデは自分が妊娠二か月目だと思っていて、私たちはジュネーブのある住所を教えてもらいました。そこに行けば問題を解決してくれるというのです。私たち、つまりマチルデと私はジュネーブに行きました。診察してもらったところ、彼女はすでに妊娠四か月目に入っていることが分かり、もう堕胎手術はできないと言われました。そのとき診断したのは女性でした。費用は一切求められませんでした。私たちはジュネーブで一泊して翌日コンスタンツに戻りました。旅費は私の方で負担しました」

その子供は生まれた。男の子で、マンフレートと名付けられた。

早くも数か月後にはマチルデとの関係は冷え始めた。もう彼らが互いを理解することはなかった。二人ともそれが嵐のような束の間の愛であり、それ以上のものではなかったと認めざるを得なかった。ゲオルクは自分の息子が生後六か月になるまでは、ときどき顔を見に行ったが、それ以降、会うことはなかった。扶養手当として、彼の週給の手取り総額が二四ライヒスマルクに達すると、それを超えた分がまるごと差し引かれた。

ゲオルクはこの処分をしぶしぶ受け入れた。いつかこの子を引き取って、母に世話をしてもらおう。そう考えて彼は良心の痛みを宥《なだ》めていた。しかしすぐに、そうした考えがもっぱら自分の罪悪感に由来するものであることに気づいた。そしてマンフレートがマチルデにとって欠かせない存在であり、彼女の子供なのだということも。

これ以後、ゲオルクが女性と長続きする関係をもつことはなかった。もしかしたらそれは、非嫡出子の扶養手当を払っていたため、経済面で自分の家庭をもつことができなかったことも一因だったたかもしれない。彼自身の体験とはまったく異なる健やかで調和の取れた家庭。それはゲオルクにとって叶わぬ憧れであり続けることになる。では彼の現実の家庭はどうだったのか？　彼は母親に何度か手紙を書き、弟のレオンハルトにはボーデン湖畔を小旅行した際に絵葉書を送っている。ここ数年で二度、実家のあるケーニヒスブロンに帰った。家の様子はほとんど変わっていなかった。父親はあいかわらず酒浸り。母親は自分の運命をじっと耐えていた。帰り道にゲオルクはいつももの悲しい気分に襲われた。実家の状況は、あいかわらず彼の気を滅入らせるものだったのだ。

一九三〇年の初めのこと。彼は散歩していたとき、以前コンスタンツの時計工場に勤めていた元同僚の女性とばったり会って、彼女からその会社のかつての共同出資者の一人が今、メーアスブルクでまた時計の木製ケースを製作していることを聞いた。ゲオルクは翌日、さっそくそこに出向いて、仕事はないか訊いてみた。数日後、「家具職人として働いてほしい」という色良い返事が届いた。ゲオルクは安堵した。それまで勤めていたスイスの家族経営の小さな職場では満足できなかった。職人としてのやりがいが感じられなかったのだ。

今や彼は毎日、フェリーでメーアスブルクに渡り、そこで早朝七時から夕方六時まで仕事をし、それが終わるとコンスタンツに戻った。市内のフュルステンベルク通りに新しく部屋を借りていたのだ。オーケストラ協会でリハーサルがある晩や、たまに「自然愛好会」の会合が開かれる日を除いて、彼は自由になる時間をもっぱら、親しくなった若い女給のヒルダと過ごした。ゲオルクは彼女に裁縫台を作ってあげたり、ボーデン湖の船旅に誘ったりして、日曜日になると二人で長い散歩に出かけた。

ゲオルクはヒルダに恋をしていた。彼は自分に婚外子の息子がいることは黙っていたが、相手に結婚への希望を抱かせることもなかった。ゲオルクはヒルダにとって気の休まらない恋人だった。いつもの彼は口数少なく頑なだったが、その一方、親切で魅力的な面を見せることもあった。しかし彼がヒルダに、（自分は愛されているという）無条件の安心感を抱かせることはなかった。それは彼には無理な話だった。ヒルダは彼の愛情や優しさを、いわば苦心して手に入れねばならず、しかもそれが成功することは滅多になかった。つねに目に見えない障壁があって、それが二人を隔てていた。ときどき彼女は、ゲオルクが彼自身の行く手を阻んでいるような気がした。そんなとき彼女は想像してみた。この人の頭の中でいったい何が起きているのだろう？　この人はどんな考えに取り憑かれていて、どんな感情が彼を閉ざしているのだろう、と。ゲオルクはそれについてほとんど語らなかった。彼は手の人であって、言葉で自分を伝える人間ではなかったのだ。

彼は二年ほどメーアスブルクで働いたが、その後、同僚たちともども解雇を言い渡された。会社が改めて破産を申請しなくてはならなくなったのだ。ゲオルクはすぐにまた、近所の小さな家具工房に職を見つけ、そこでドア枠やドアの製作に当たった。しかし五週間後にはそこも解雇されてしまう。もう注文がひとつも来なかったのだ。

新たな仕事先を見つけようとしたがうまくいかなかったゲオルクは、一九三二年五月にコンスタンツの下宿を引き払ってメーアスブルクに渡り、いろいろな人のところで厄介になる代わりに、そこの家の家具を修理したり、小物を製作したりした。後に彼は当時をこう振り返っている。

「あの頃私は、ガラス職人のマイヤー親方の屋敷に住んでいたベヒトレ未亡人のために働いていました。あそこではライティングデスクを一台修理し、テーブルも一つ作りました。ベヒトレ夫人のところであとどんな作業をしたのかは、もう覚えていません。

当時はドーデラー家と親しいこのベヒトレ夫人に食事の世話をしてもらっていました。D家では宿泊費は一銭も払う必要がありませんでした。その後、やはりドーデラー家の知り合いのH家で戸棚の修理をしました。この家のことはもう覚えていません。寝泊まりしていた場所、つまり部屋は、まだD家でした。このときの食事はH家の世話になっていました。そういえば同じ頃にオットマー家からも頼まれて、古い戸棚を修理したこともあります。

一九三二年の七月の終わりか八月始めに、ザットラー夫人の家に寝場所を得て、そこでも寝室の家具の修理を頼まれました。

D家の部屋を断ったのは、ただザットラー夫人が寝場所を提供してくれたからでした。そこでは専用の小部屋をあてがわれました。ザットラー家での仕事は一九三二年の八月半ば頃までかかりました」

しばらくするとゲオルクは、こうした個人相手の職人仕事に飽き足りなくなった。それに彼はメーアスブルクで孤独を託《かこ》っていた。コンスタンツの自然愛好会の夕べの集いが恋しかった。それは彼にとって大きな意味があり、ひょっとすると友との親しい交わりにも勝るものだったのだ。彼はその明確に限定された枠の中に憩いの場を見出していたし、ときには周りから認めてもらえることもあった。その二つとも、ここメーアスブルクでは望むべくもなかった。ただヒルダだけはときおり訪ねてきてくれた。そんなときは二人で湖畔を散策し、たまにはカフェに寄って食事を奮発した。しかし二人とももう感じ取っていた。ゲオルクがコンスタンツを離れてから二人の関係がますます疎遠になってきたことを。二人に共通の未来はなかった。いずれにしろゲオルクはすでに大きな決断を下していた。それはケーニヒスブロンへの帰還だった。

当時、彼がベヒトレ夫人の家に移ってから数日後に、母からの手紙が彼のもとに届いていた。母は手紙で、父がますます酒浸りになっていること、大酒を飲み、材木商の仕事を疎かにして拵えた借金を返済するために、先祖伝来の畑を切り売りしていることを書いてきた。「お願いだから、ゲオルク、家に戻っておくれ。お前が必要なの」。家族は彼の帰還によって状況が好転することを期待していた。特に父を正気に戻す役割がゲオルクに求められたのだ。それは簡単なことではなかった。

「私は当時、列車に乗ってケーニヒスブロンの実家に戻りました。そこでは弟と一緒の部屋を使いました。私が帰ってきて母と弟は大喜びでしたが、父は私の帰郷にも無関心でした。父の材木業により両親が多額の借金を抱えていることが分かりました。その正確な金額は言えません。借金が嵩んだのは、父が木材を高すぎる金額で競り落とすので、売れても赤字が膨らむだけだったからです。ケーニヒスブロンの伯父E．E．から聞いた話では、父は木材の競りにいつも酔っ払った状態で臨み、それで気が大きくなって、高い金額で入札してしまうのだということでした。父はケーニヒスブロンや仕事で行く近郊の街で、ほぼ連日、ビールやワインを飲んでいました。どのくらいの量だったのかは分かりません。要するに母と弟の力では、父を改心させることはできませんでした」

何年も後に彼は、実家への帰還をそのように描写している。過去への帰還？　ほぼそう言っていいだろう。しかしそこには一つだけ変化があった。一九三二年七月三一日のライヒ議会（ドイツ国会）選挙に際して、ケーニヒスブロンでも国民社会主義者たちが躍進を遂げていた。ＮＳＤＡＰ〔ナチ党〕は投票総数の三八パーセント〔正確には三七・三パーセント〕を獲得した。国民のジーク・ハイル〔勝利万歳〕の歓声のもと、国家と経済界によって唆《そそのか》されて、破局へと続く道が始まった。ここケーニヒスブロンにおいても。

第9章 「ドイツの村」への帰還

一九三三年一月三〇日。アドルフ・ヒトラーが老齢の大統領ヒンデンブルクによりドイツの新首相に任命された。彼の「国民高揚」内閣では、ドイツ国家人民党（ＤＮＶＰ）および無党派の閣僚九名に対し、国民社会主義者（ナチ党員）は三名しかいなかった。総理大臣ヒトラーの他には内務大臣フリックと無任所大臣ゲーリングだけだったのだ。しかし実態は異なっていた。早くから国民社会主義者の三大臣は、九名の保守系大臣たちに勝る権力を手中にしていた。

一月三〇日。それは彼らの日、彼らの勝利であった。一〇年前にミュンヘンのビュルガーブロイケラーで一揆の試み〔ミュンヘン一揆〕が惨憺たる結果に終わって以来、彼らはこの勝利の日を心待ちにしていたのだ。

ベルリンのヴィルヘルム街七七番地、かつて宰相ビスマルクの官邸だった場所で、ヒンデンブルクは老いのせいで震える声で就任の宣誓文を読み上げ、閣僚たち一人一人にそれを復唱させた。最初の宣誓者はヒトラーだった。「私は、ドイツ国民の繁栄のために力を注ぎ、ドイツ国の憲法その他の法令を遵守し、与えられた義務を良心的に果たし、誰に対しても公平かつ公正に自らの職務を遂行することを誓います」

ヒトラーはこの宣誓の後、一二名の忠臣を引き連れて大統領官邸を後にした。それに先立って大統領は、ワイマル共和国最後となる新内閣を送り出した。「さあ諸君、神とともに歩むがよい」の言葉とともに。

数分後、ホテル・カイザーホフのエレベーターから降りてきたヒトラーは、信奉者たちの歓呼に迎えられ、「ついに我々はここまで来た！」と叫んだ。だれもがこぞってヒトラーと握手を交わした。ゲッベルス、ヘス、レーム……。信奉者たちの列は途絶えることなく続く。午後には全国に向けて公式発表が行われた。「大統領がアドルフ・ヒトラーを首相に任命！」

そうこうするうちにすでに党員たちは、ゲッベルスの指揮のもと、夜の祝賀パレード実施に向けて動き出していた。ＮＳＤＡＰ（国民社会主義ドイツ労働者党）の新たな内務大臣フリックは中央官庁街での集会禁止を快く停止してくれた。夕刻七時から深夜零時過ぎまで、ヒトラー支持者二万五〇〇〇人が鉄兜団の部隊とともに、松明を掲げ、行進曲の演奏される中、ブランデンブルク門をくぐって行進した。

煌々と照らされた首相官邸のファサードに歓喜の行進が到着すると、無数の「ハイル」の掛け声が轟き渡る。窓の一つに彼の立ち姿があった。勝者アドルフ・ヒトラーである。黒のスーツに身を包み、神経を高ぶらせて興奮した彼は、腕を高く掲げて眼下を行進する大群衆に応えている。その背後にはゲーリング、フリックその他の閣僚たちが控えていた。歓声は耳をつんざく大音声《だいおんじょう》となる。そこからほど近いホテル・カイザーホーフのバルコニーでは、SA（突撃隊）幕僚長レーム、大管区指導者ゲッベルスならびにナチス高官が総出で、この「凱旋パレード」を見守っていた。

夜も更け、歓声が静まり、行進曲が止み、人々の靴音が途絶えた後も、ヒトラーは最側近の者たちや古参闘士らに囲まれて、明け方まで首相官邸に残っていた。ヒトラーは我を忘れたかのように延々と独白を続け、自分がこの目的を達成できたのは偏《ひとえ》に「神意」のおかげだと語った。また彼は午前中にヒンデンブルクとともに列席した感動的な宣誓式の場面を思い出し、上機嫌になって「アカの連中（共産主義者たち）」の狼狽ぶりにも触れ、最後に、この日をもって「世界史上最大のゲルマン民族による人種革命」が始まるのだ、と断じた。

ケーニヒスブロンでは、一月三〇日の夜はいつもと変わらなかった。街の明かりはもうとっくに消え、ガストホーフ〔宿屋を兼ねる飲食店〕の「カワカマス亭」では椅子がテーブルの上に片付けられ、最後の呑兵衛たちも帰途に就いていた。時折、犬のキャンキャン鳴く声が夜の静寂を破るだけだった。

ゲオルク・エルザーはベッドの上で輾転反側《てんてんはんそく》して寝付けなかった。しばらくすると完全に目が覚めてしまい、ベッドの端に座って目をこすり、髪に手櫛を入れながら考え込んだ。最近、夜中に何度こうして座っていることだろう？　こうしていると夢の断片や不安な思い、実現しそうにない願望が次々と押し寄せてきた。それが彼の頭に重くのしかかって、眠りを奪ってしまうのだ。

半年前に彼はまたケーニヒスブロンに戻り、母の畑仕事を助け、ときには父の材木業を手伝っていた。家具職人の仕事は見つからなかった。今では一家の生計は畑からのわずかな収益でまかなわれていた。材木の取引は赤字でしかなかった。それを咎めると父はまったく耳を貸そうとせず、攻撃的な態度に出た。こうした状況に家族全員が苦しんでいた。家族の中で誰よりも深い失望を味わったのがゲオルクだった。彼は帰郷後、神経を消耗させる実家の状況を自分の力でなんとしても変えたいと考えていたのだ。しかし父親のアルコール依存と気分屋ですぐにかっとなる性格にはなすすべがなかった。ゲオルクはそのことを次第に認めざるを得なくなっていき、自分の無力さを感じていた。母が父から屈辱的な扱いを受け、それでも家事に畑仕事にと身を粉にして働いて、家族のために何とか食卓を整えている姿を目の当たりにして、彼はひどく心を痛めた。こうした絶望的な状況は当然ながら隣人たちの知るところとなり、それも彼には辛いことだった。父が酒に溺れ、なけなしの金がガストホーフでの酒代に消えてゆくと思うと、恥ずかしくてたまらない。実に惨めな状況だった。

夜中に目が覚めると、言い知れぬ絶望に囚われて朝が待ち遠しかったが、新しい一日は前の日の焼き直しでしかなかった。この状況を逃れる術はないのだろうか。後に彼はこのときのことを次のように語っている。

「父の酒量はどんどん増えていきました。その結果、借金もますます膨らみ、その返済のために畑を切り売りしなくてはなりませんでした。私は幾度となく父を説得しようとしましたが、うまくいきませんでした。私も含め誰に対しても父は聞く耳を持たなかったのです。家計は畑仕事からの収益でなんとか賄っていました。

父の帰宅はいつもかなり遅く、酔って帰っては大騒ぎを起こし、訳もなく私や母、弟のことで悪態をつきました。そんなときの父の口癖は、我が家がずっと下り坂なのはみんなお前たちのせいだ、というものでした」

ゲオルクはケーニヒスブロンのツィター〔撥弦楽器の一種〕同好会に入り、その数週間後には合唱団「コンコルディア」に入団した。後に尋問を受けた際に彼はこの決断について次のように語っている。「私は家のごたごたから逃れるために、音楽で気晴らしをしたかったのです」

オーケストラでチェロ奏者の欠員が出たとき、彼はこの楽器の習得を自分から買って出た。そして早くもわずか数週間後には聴衆の前でチェロのパートを務めるまでになっていた。ゲオルク・エルザーはそうした同好会や合唱団の中で好かれていたものの、自分から進んで他のメンバーとの接触を求めることはめったになかった。すでにコンスタンツ時代にも民族衣装協会「オーバーラインターラー」のメンバーとして、ガストホーフ「ツム・クラッツァー」での毎週土曜日の晩の練習に参加していた彼だったが、今も金曜日ごとに「カワカマス亭」の別室で行われる夜間リハーサルに喜んで参加した。このリハーサルには、たいていメンバーの家族や友人知人も来ていて、会場はいつも賑やかな社交場となった。カワカマスホールでコンサートやダンス会が開催されるとなると、大いに盛り上がり、そこでゲオルクは一晩だけ、実家のトラブルを忘れて楽しいひとときを過ごすことができた。

こうしたサークルへの参加以外では、ゲオルクは幼なじみのオイゲンとだけ親しく交流していたという。彼はオイゲンには、アルコールを断つよう父を説得したがうまくいかなかったことや、父の借金が膨らむことをなんとか抑えて、両親の土地が売りに出される事態を防ごうと悪戦苦闘したことを打ち明けた。新しい仕事がなかなか見つからないことについても話題にしていた。帰郷してから彼は幾度となく家具職人の仕事に就こうとしたのだが、なかなか思い通りにはならなかった。

両親の仕事を手伝っても賃金をもらえなかったので、ゲオルクは実家の隣にささやかな家具職人の工房を作り、自らそれを「小屋」と呼んでいた。そこで彼は近所の人や知人のためにちょっとした家具の修理を引き受けて、僅かながら報酬を得ていた。

一九三四年七月になってようやくまた仕事が見つかった。ケーニヒスブロンの家具職人の親方フリードリヒ・グルップの工房だった。グルップは背が高く、はっきりした目鼻立ちで、気さくな人柄だった。親方から家具職人としての仕事を時給〇・五五ライヒスマルクでどうかと打診され、エルザーはすぐに快諾した。ようやく彼にまた、自分の職人としての腕前を披露し、好きな仕事をする機会が訪れたのだ。

彼はここ数年、とりわけ遍歴修業中にさまざまな技術に習熟し、その職人技にはさらに磨きがかけられていた。彼にとって注文はどれも挑戦を意味した。困難であればあるほど、それをおもしろいと感じた。何よりも一人で仕事をすることを好み、誰からも邪魔されずに工房で働けたら、それで満足だった。親方から肩越しに自分の仕事ぶりを覗かれたり、良かれと思って助言されたり、ましてや口うるさく批判されるのは好きではなかった。ゲオルク・エルザーはこの工房でも一匹狼で、ときには変わり者扱いされた。なんでも完璧にこなしたいという自身の思いをことさらに追求することもあったのだ。

親方グルップは後にこう述懐している。

「あいつは仕事を終えると、その前に立って長い間、考え込むようにして出来栄えを見ていたよ。それから作業台を二〜三周回って、作品を四方八方から眺めて、軽く叩いたり揺さぶったりして念入りに点検してた。かと思えば、もう一度だいぶ離れたところに下がって、そこからまた念入りに点検して、それでようやく納品という段取りさ。でも確実に言えることだけど、翌日ゲオルクは顧客のもとにひょっこり現れて、もう一度だけ見させて欲しい、どこにも問題がないか見てみたいと言うわけさ。そうやってまた作品の出来栄えを確かめたんだね。いや本当にあの男は几帳面だった。あいつの働きぶりは正確そのものだったね」

ゲオルク・エルザーは「工芸家具職人」を自負していて、自分を単なる家具職人とはまったく考えていなかった。生活の安定のためだけに職探しをしたことは一度もなく、あるとき彼が語った言葉を借りると、いつも「創造的な活動をする」ということも目的としていた。ひょっとすると彼が頻繁に職場を変えたのは、それが主因だったのかもしれない。彼にとって重要だったのは、一つは賃金協約どおりに報酬が支払われることであり、もう一つは親方からの干渉を受けずに自立して働くことができることだった。しかし彼がとりわけ重視したのは、家具が完成した後で得られる充足感だった。自らの創造的な能力を発揮することが何よりも優先され、そこに彼は自らのアイデンティティを見ていたのだ。

家具工房の親方グルップの記憶によれば、

「あいつは優れた職人で、きちんとしていて誠実な男だった。残業も厭わず、むしろ楽しそうに見えた。何か仕上げないとならないものがあると、作業に没頭していた。家内があいつの作業台にカットケーキを一つ置いてあげるだけで、満足していたね。いつも一人っきりで仕事をしていて、正真正銘の一匹狼だった」

親方はさらに続けて言う。

「あれは、うちの工房でも寝室の調度を一式引き受けようかと思案していたときのことだ。当時、小さな工房ではそんなことは異例だった」。ある家具会社の製品カタログが手に入ったとき、親方は職人のエルザーを呼び、うちでもこんな寝室を作ってみたくないかと尋ねてみた。エルザーの返事は、「ええ、いいですよ、やりましょう。でも少し手を加えなくちゃ。これよりもっと良いものにしますよ」だった。

親方によると、ゲオルク・エルザーは翌《あく》る日に完成した図面を持ってきたという。どうやら一晩で描き上げたらしい。それについての打ち合わせはせいぜい三〇分程度で、すぐにこの職人は仕事に取り掛かった。それからの日々、二人はほとんど一言も言葉を交わさなかった。グルップは何も指示しなかったし、職人からの質問もなかった。わずか二週間後には寝室家具一式が完成していた。入念で見事な仕上がりに、親方の奥さんが売りたくないと言い出すほどだったという。しかしその後、どうしても欲しいという村の知り合いが現れ、買い取られていった。このときゲオルクが作ったもの、それは職人技の発揮された実に立派な工芸品だった。

ゲオルク・エルザーがわずか四か月で辞職を申し出たとき、当然ながら家具工房の親方はあまりいい顔をしなかった。しかしどれほど強く引き止められてもゲオルクの決意は固かった。彼の週給からは二四ライヒスマルクを超えた分が養育費として差し押さえられることになっていたのだが、彼の辞職願いはこれと何か関係がありはしないか？　親方は、エルザーの婚外子への養育費支払いの件でコンスタンツの青少年局から二度、問い合わせを受けていた。そこで親方が考えたのが内密の解決策を探ること、つまりゲオルクの週給に役所が手を出すことをどうしたら回避できるかについて、彼とじっくり話し合いたいということだった。しかしゲオルクはこの提案を拒んだ。「いや、それはいいんです。私が辞めるのはそれとは無関係ですし。どうにも手遅れとなってしまう前に、家屋敷をなんとか守らなくてはならないんです」

ケーニヒスブロンのほとんどの住人と同様に、家具工房のグルップ親方も、ゲオルクの父親が酒浸りであることを知っていた。一家を経済的破綻と社会的没落から救うために仕事を辞めるというこの職人の決断に対して、親方は心密かに敬意さえ抱いていた。高地オストアルプでは雇用をめぐる状況がバラ色とは言い難い時期に、そんな大それた決断をするとは。国民社会主義者たちは、大都市では大量の失業を制御しているという印象をそこここで広めることに成功していたが、地方のここでは違っていた。逆に工業化の進展に伴い、地方の伝統的な中堅企業は窮地に追い込まれていた。親方グルップの家具工房のように小規模なところには大量生産は無理だったのだ。そうした家具工房の多くが廃業せざるを得ず、ここオストアルプでも事情は変わらなかった。

ゲオルク・エルザーは、これまでと同じように母親の農作業を手伝い、気まぐれで癇癪持ちの父の性格をできる限り抑え込もうとした。しかしそれはうまくいかなかった。母親はゲオルクが家に戻ってきて、「これでようやく万事、うまくいくわ」、「夫の酒浸りもやっと終わるのね」と期待したのだが、この期待はたちまち砕かれてしまう。それが甘い幻想にすぎなかったことが明らかになる。ゲオルク・エルザーは後に、このときの不幸な顚末についてこう語っている。

「一九二五年の年末にはすでに借金がかなり膨らんでいたため、父は家屋敷を売却しなければなりませんでした。私の見積もりでは一万ないし一万一〇〇〇RM［ライヒスマルク］はするはずのこの物件を、父はケーニヒスブロン在住の家畜商M氏に六五〇〇RMで売り渡してしまいました。M氏はいつも父といっしょに居酒屋に陣取って酒を呑んでいた相手でした。母は父に掛け合って、家屋敷の売上から二〇〇〇RMを受け取りました。父は残りの金を借金の返済とその後の酒代に充てていました。そして実際に物件の売却が完了し、家畜商M氏が入居してきました。契約時に、父は引き続き小部屋を使ってよいという合意が交わされていたので、父はそのままそこに住んでいました」

この売却により結婚生活のひとまずの終了が確実なものとなった。当時、娘のフリーデリケが夫のヴィリとともに近在のシュナイトハイムの住まいに入居していたのだが、母はまもなくこの娘夫婦のもとに身を寄せたのだ。母は自分の夫が家財道具も売り払ってしまうかもしれないと恐れて、家財一式をまとめて持参してきた。父親が一人、後に残った。家の新たな所有者が、しばらく元の屋根の下に住み続けることを許してくれたのだ。弟のレオンハルトは国家労働奉仕団〔ナチス時代に失業対策のために設立された労働組織〕に参加した。

ゲオルク・エルザーはエルザ・ヘラーの家に間借りした。彼女とは三年前のハイキングのときに出会っていた。当時、「歓喜力行団」運動〔ナチス政権下で人々にさまざまな余暇活動の場を提供することで国民の教化を図った運動〕に否応なく組み込まれていたケーニヒスブロン・ハイキング協会が、バルトロメ近郊の「石の海」へのハイキングを企画したのだ。そこはケーニヒスブロンとアーレンの間に横たわるオストアルプ地方特有の一帯だった。二人はたちまち強く惹かれるものを感じ、安らぎと心の温もりを相手に求めた。互いの境遇はとてもよく似ていた。ゲオルク・エルザーはしばしば孤独を託《かこ》ち、父親のアルコール依存や家庭内の問題に悩んでいた。エルザも大工の夫と不幸な結婚生活を送っていた。夫はいい加減な仕事ぶりの粗暴な男で、妻に対してもすぐに逆上し、理不尽で冷酷な態度をとった。この夫も酒浸りだった。はしご酒をしては深夜に帰宅し、妻を張り倒すことも珍しくなかった。エルザはゲオルク・エルザーにそのことを話し、自分とまだ幼い娘イーリスの身の危険を感じていることも伝えた。彼女は彼に信頼を寄せていたのだ。この人は夫とはまったく違う。酒も煙草も嗜まず、仕事もできて慎み深く、けっして大声で相手を怒鳴ったり、激情に走ったりすることはない。一九三五年一二月にエルザは第二子となる男児を出産したが、彼女とゲオルク・エルザーの関係を知るケーニヒスブロンの人々の中には、その子の父親は彼女の夫ではなくゲオルクなのではないかと考える者が少なくなかった。とはいえ出生届の父親欄にはヘルマン・ヘラーの名前が記載されていた。

一九三六年の春にゲオルク・エルザーは、夫の猜疑のまなざしにさらされながら、ヘラー家に借家人として入居した。ヘルマン・ヘラーはすでに以前から、自分の妻とアパートの地下室にささやかな工房を設けた寡黙で華奢な転借人との間に男女の関係があるのではないかと疑っていた。当初から一つ屋根の下での共同生活は、誰にとっても重苦しく、それどころか責め苦のようだったが、特にエルザにとっては辛い日々だった。今では結婚生活に終止符が打たれるときをますます待ち焦がれ、離婚を考えていた彼女は、精神的に耐え得る限界に陥った。彼女は毎日のように浴びせられる夫からの非難、その気まぐれや罵倒に苦しめられたが、その一方、勤務先での一〇時間の勤務の後に階下の地下室で一晩中手仕事に励む恋人との近くて遠い距離にも悩まされた。

この頃ゲオルク・エルザーはケーニヒスブロンの家具職人グルップの工房で、改めて職人として働いていたが、後の尋問記録を見る限り、やはり長続きはしなかったようだ。

「一九三六年の春、彼（グルップ）は国防軍のために事務机を作ることになりましたが、これは定められた期日までに納品しなくてはなりませんでした。それで私もGから工房で働いてくれないかと打診されたんです。その納品が済んだ後も、私はそこで住宅用家具を作ったり、改築の際に窓枠を嵌め込んだり、忙しく働いていました。でも一九三六年の秋には自分からGに辞職を申し出ました。その理由は、一つには報酬額が低すぎたこと、もう一つは親方が私ほどの技量がないくせに、いつも私にあれこれ教えを垂れようとしたことです。この退職はすんなり認められました。先ほどの理由で工房を辞めたのは、どうせ仕事はまたすぐ見つかると、高を括っていたからです」

だが後から見ると、このエルザーの目算は誤っていた。職人技が次第に顧みられなくなり、むしろ大量生産の家具を安いコストで作ることが求められるようになりつつあった当時、彼の野心に見合う職場は見つけにくくなっていった。いつか家具職人として独立して小さな工房を持ちたいという大望も、徐々に諦めざるを得なくなった。おまけに婚外子の養育費支払いが滞り、債務がどんどん膨らんでいった。そのため彼は自身の密かな願いや憧れをますます抑圧しなくてはならなかった。

新たな失業生活に入って三か月ほど経った一九三六年の年末、ようやくエルザーはハイデンハイムの制御弁工場に臨時雇いの仕事を得た。

「それはそこで働いていた職工長ヴィルヘルム・Hの口利きでした。当時ケーニヒスブロンの近くのイツェルベルクに住んでいた人で、彼とは一九三六年一二月中旬にケーニヒスブロンの飲食店『レースル』で会いました。ケーニヒスブロンによく来ていたので、私はHを個人的に知っていました。彼と話をしたときに当時の私の状況を伝えたところ、ハイデンハイムの部品工場に補助作業員として入ることを勧められました。その頃、自分が熟練家具職人としての職を前もって探していたかどうかは、もうよく覚えていません。でもそんな仕事は見つからなかったと思います。それでこの補助作業員の仕事を引き受けたんです。私の記憶では、H自身が職工長をしている会社に、作業員のポストに空きがあるかどうか問い合わせてくれるとのことでした。数日後、彼から色よい返事をもらい、面接に行くよう促されました。さっそく私は電車か自転車でハイデンハイムの会社に出向き、自己紹介をして、その一、二日後には、Hも勤務していた鋳仕上げ部門〔鋳物製品に残ったバリや不要部分を削ったり磨いたりする最終工程を担当〕で補助作業員として働き始めることができました。当面は汚れ仕事だが、じきに他のもっときれいな部門に回してもらえるという話でした。実際、私がそこで仕事をしたのは、一九三七年夏までの半年だけで、その後、物流管理部門に移され、そこでは特に入荷した原料の検品作業などを任されました」

彼は新しい仕事に満足していなかったが、それでもそこに留まる理由があった。

「鋳仕上げ部門では時給〇・五八ライヒスマルク、後に〇・六二ライヒスマルクをもらいました。私は熟練家具職人なので他の職場ならもっともらえたでしょう。でも私はたくさん稼ぐことではなく、その仕事が気に入るかどうかということしか興味はありませんでした。もっと多く稼いだとしてもその恩恵には与れませんでした。週給二四・〇〇ライヒスマルクを超えた分は養育費の支払いのために差し押さえられてしまったからです」

ゲオルク・エルザーは住まいの面でも不満だった。ヘラー夫妻の家に入居して以来、そこにはつねに緊迫した空気が漂っていたのだ。エルザと彼は自分たちの恋をできる限りうまく取り繕おうとした。しかし一九三六年一二月に問題が起きた。きっかけは、ゲオルクが家賃の支払いを相殺しようとして、数点の台所家具を作ったことだった。突然彼はエルザの夫から、今後、家の中で大工仕事をしないよう言い渡された。後の尋問で彼はこのときのいざこざについてこう述べている。

「一九三六年一二月にHさんの夫から、よくわからない理由で作業を禁じられた後、私が台所の食器棚を完成させることはありませんでした」

一九三七年の春、エルザの夫が部屋の賃貸借関係の解消を言ってきた。ゲオルク・エルザーには渡りに船といったところだった。これまでも彼は結婚生活が破綻しかけている夫婦と一つ屋根の下で生活することに、いつも居心地の悪さを感じていた。しかも今回は彼自身が妻の恋人としてそこに深く関与しているのだ。今、この奇妙な共同生活に終止符が打たれようとしていた。だが、そんな彼に何ができるだろうか？

彼は改めて両親の元に戻るしかなかった。こちらの夫婦はいつのまにかよりを戻して、ケーニヒスブロン市ズンプヴィーゼン通りの半戸建て住宅に住んでいたが、そこは元の家の売却益で贖うことができたものだった。

「それからは両親の家の屋根裏部屋で暮らしました。H家に仮設していた自分の工房も運び込み、新たな実家の半地下に再び設置しました」

すぐ隣には、結婚して所帯を持った幼馴染みのオイゲン・ラウが住んでいた。二人は長年の親友で、互いに信頼し合っていた。会うと、さまざまな状況や事態の進展など、疾《と》うに人前で話すことが憚られるようになっていたことまで、腹蔵なく語り合った。

早くも一九三三年六月二二日には、新たなNS権力者〔ナチス政権〕たちは「いわゆる不満分子を打倒するために」という政令を出していた。これは単なる不満の表明ですら、常習的なマルクス主義的扇動に準ずるものであるとして、処罰の対象とするものだった。その後の数年間で国民社会主義者たちは、総統国家の確立に向けて必要なあらゆる措置を完了した。党の組織図は全国を三二の大管区（ガウ）に分け、さらに大管区を管区（クライス）、地区（オルツグルッペ）、細胞（ツェレ）、街区（ブロック）へと区分した。かつて「工場などを国有化してどんな意味があるというのか？　我々は人間をこそ国有化するのだ」と語ったヒトラーは、短時日《たんじじつ》の内に、これらの党組織を用いてドイツの人々の個人生活をほぼ不可能とすることに成功した。ドイツに生を享けた者は、まずピンプフ〔小僧、小童の意。ユングフォルク（少年団）の団員のこと〕となり、次にヒトラーユンゲ（ヒトラーユーゲント団員）となり、その後でSA（突撃隊）またはSS（親衛隊）に入隊するか、もしくは直接、NSDAPに入党した。運転手ならNS自動車軍団、少女なら「ドイツ女子同盟（BDM）」というコースだった。また、どこのスポーツクラブも、ハイキンググループも、アマチュア劇団も、ナチスによる強制的同一化から逃れることはできなかった。

それはケーニヒスブロンでも同じだった。伝統的な村祭りは久しい以前から、盛大なNS式典の行事日程によって脇に追いやられてしまっていた。「ライヒ国旗法」の定めに従って一月三〇日には村のどの通りにもハーケンクロイツ（鉤十字）旗がはためき、政治集会や追悼式、行進などが盛んに行われた。そうすることで地元のNSDAP地区は、指導者としてのアドルフ・ヒトラーのイメージがまさに遍《あまね》く現前するように配慮したのだ。

国民社会主義者らは、田舎でも党員の不足を託《かこ》つことはなかった。ナチスによる権力掌握後、地方部では大都市と異なり、希望者の殺到により一時的に新規入党の制限を発表する必要まではなかったが。当時、党指導部から都市部の大管区指導部に対しては、一九三三年五月一日以降は党員のみをヒトラーユーゲントやSA、SSに入団させるよう、指示が出ていた。オストアルプでは入党希望者たちの波はさほど大きくなかったものの、この新たな国民運動はまとまった数のメンバーを集めていた。すでに一九三二年二月二五日、ヒトラーの代理人ルドルフ・ヘスはミュンヘンのケーニヒスプラッツから、祝砲の轟く中、ラジオを聴くほぼ一〇〇万人の党員たちに、次のような宣誓の言葉を言わしめていた。

「アドルフ・ヒトラーはドイツであり、ドイツはアドルフ・ヒトラーである。ヒトラーに誓う者はドイツに誓う」

国内の他地域と同様にケーニヒスブロンでも、党員たちは感動の面持ちでこの集団宣誓に耳を傾けた。ここでも（どうしてケーニヒスブロンだけが例外であり得よう?）、NSDAP地方支部は文化活動やクラブ活動を新たな国民運動に取り込むことを始めていた。親友オイゲン・ラウが個人的にやっていたダンスグループや地元のハイキングクラブはもうなかったし、国民社会主義者が権力の座に就く前はこの地でつねに全国平均を大きく上回る得票率を誇っていた左派政党も、もはや存在しなかった。

ケーニヒスブロンも「ドイツの村」となっていたのだ。それは新たな権力者たちの欺瞞的なプロパガンダ像にぴったりと一致する村であった。

ゲオルク・エルザーとオイゲン・ラウは数年来のこうした変化を見逃さなかった。地元の党員たちがガストホーフ「カワカマス亭」で国民受信機を囲み、呪縛されたようにゲッベルスやヒトラーの声に耳を傾け、演説の最後に「国民革命」を祝って祝杯をあげる段になると、ゲオルクとオイゲンはそっと店を出た。政治は彼らの関心事ではなく、国民社会主義者たちの政治とくればなおさらだった。

一九三八年までNSDAPの地区指導者を務めたゲオルク・フォルマンは、何年もあとにエルザーの政治的姿勢について、次のように証言している。

「彼は中立の立場で、どの政党にも属さず、どんな議論にも加わりませんでした。私が地区指導者を務めていたあいだに一度、エルザーが自分に向かって行進してくる隊員たちを見るや、踵を返して立ち去っていったのを見たことがあります。大したことではないですが、そのとき私は、この男は『第三帝国』を共に担う男ではないのだなと気づきました」

地方ではなおも地区構成員たちが足並みを揃えて街を練り歩いていた一方、中央では最初の「粛清の波」で数多くの犠牲者が出ていた。レーム一揆を鎮圧するという名目で、一九三四年六月末の「長いナイフの夜」に、八〇名を超える人々が殺害されたのだ。いずれも古参闘士やSAの同志、目障りな政敵たちだった。もはや「奇跡の夜」どころではなく、「テロルの夜」という言葉こそがふさわしかった。前首相クルト・フォン・シュライヒャー、彼の側近〔フェルディナント・〕フォン・ブレドウ将軍、NSDAPの元全国指導者グレゴール・シュトラッサーらも粛清された。一九二三年のミュンヘン一揆の際にヒトラーが一揆仲間に引き入れようとしたグスタフ・フォン・カールも例外ではなかった。総統の『我が闘争』執筆に協力したと党内で囁かれていた「ミースバッハー・アンツァイガー」紙の編集長ベルンハルト・シュテンプフレ司祭も、フォン・パーペン副首相の側近たちと同様、冷酷に殺害された。

一九三四年七月二日、ヒトラーは死去したレームをSAおよび党から除名し、その代わりにハインリッヒ・ヒムラーという男がSS長官として頭角を現すことになる。同年八月二日に大統領パウル・フォン・ヒンデンブルクが逝去したことで、絶対権力を手に入れるための最後の障壁が取り除かれた。ヒトラーは自らを国家元首に任命する。

一つの民族、一つの国家、そして一人の総統。

その翌年にハンス・グロプケという名の一介の省庁職員（ちなみにこの人物は第二次世界大戦後、連邦首相アデナウアーの首相府長官として大いに有名になる）が、それまで想像もできなかった規模のユダヤ人に対する嘲弄と迫害をもたらすことになる「ニュルンベルク法」の註解書を書いた。だが当時、（被害を被る当事者たちを除いて）いったい誰がそんなことに関心を抱いただろう？　国民同志にとって重要だったのは、六〇〇万人もいた失業者がもはや二五〇万人しかいないということだった。ＮＳ政権のプロパガンダ機関は、自分たちの「成功例」を国内の僻遠の地にまで喧伝した。そして大管区や村々の忠実なる党支持者たちは熱狂して「ハイル」の声援を送り、窓にはハーケンクロイツ旗を掲げ、歩調を合わせて村の通りを行進した。ケーニヒスブロンでも同じだった。大ドイツ主義の歓喜の嵐に同調しなかった者はほんのわずかだった。

その内の一人がゲオルク・エルザーであった。彼には「第三帝国」に対する熱狂が欠如していたばかりか、政治的な議論やデモ行進をいつも嫌悪していた。

「私の両親は昔も今もまったく政治には関心がありません。私が記憶する限り、父が何かの選挙に行ったのは、人から誘われたときだけでした。あの人がどこの政党を選んだのかまでは分かりません。いずれにしろ、私が選挙権のある年齢になったときでも、父から何らかの影響を受けたことはありません。母の方はおそらく投票に行ったと思いますが、誰に投票したかについては一言も言いませんでした」

彼は後にベルリンでの尋問で、それまでの政治的な信条との関わりについて訊かれた際に、そう答えている。

彼の発言は、母親の供述からも確認された。

「うちはとにかく政治とは無縁でした。夫はそんなものには関心がなく、みんながそれぞれの仕事で手一杯で、政党や政治のことは気にかけていませんでした」

それでも一度、政治が話題になったことがあったが、ゲオルク・エルザーは一言、ふた言言って、それでもうお終いだった。

「彼は政治についてはほとんど意見を言わず、まったく関心がありませんでした。私自身や他の人が彼の前でNSDAPの施策について悪しざまに言うと、彼の発言はいつもとても一貫していて、賛成か、そうでないなら反対だ、というのが彼の口癖でした」

恋人のエルザは後にそう語っている。あるとき、ケーニヒスブロンで選挙があり、その前に彼女は彼と政治の話をしたことがあった。投票に行くかどうか彼に訊いたのだ。彼は「行かない」と言った。彼女は彼に投票させようとした。小さな町なので悪い噂が流れるのが怖かったのだ。しかし彼は「人がどう思おうが、そんなのはどうでもいいことさ」と言った。それでも彼は恋人が投票に行くことには異論はなかった。「それは自分で考えなきゃ」。そう言って彼は彼女に決断を委ねた。

ナチス政権に対する彼の本能的な嫌悪はどこから来たのか？　そしてその峻烈な拒絶は何によるのか？　その理由を彼はベルリンでの尋問の際に語っていた。

「私の考えでは、諸般の状況は［ナチスによる］国民革命後、さまざまな点で悪化しました。例えば賃金が低くなった一方で、そこから天引きされる額は増えています。さらに私が思うに、国民革命以降、労働者はある種の重圧に晒されています。労働者はもう自由に仕事を変えることができないし、ヒトラーユーゲントのせいで子供を指導する立場から蹴落とされ、宗教面でもこれまでのように自由に活動できなくなっています」

ゲオルク・エルザーは政治的な議論の輪にはめったに加わらなかったが、周りからは「左派」とみなされていた。これは一方では、国民社会主義者に賛同しない者はだれでも直ちに「共産主義者」のレッテルを貼られ、「民族の敵」と宣告されたことと関係しているのかもしれない。他方、彼は実際に同じ考えの人たちの輪の中にいることが心地よかった。それは予《あらかじ》め政治について長ったらしい議論をしなくても、同じような政治的姿勢を共有できる人たちだった。

彼は自分の周りで起きていることについて、あるいは自分の日常生活や自分が抱える問題をどう見るのかについて、暗黙の了解や共通の感覚を、すでにコンスタンツ時代に参加していた「自然愛好会」やハイキングクラブの仲間たちに見出していた。当時、彼はＫＰＤ（ドイツ共産党）傘下の抵抗組織「赤色戦線戦士同盟（ＲＦＢ）」にも加入していて、この組織のロゴは握り拳だった。ここの会員となったことは、彼自身と彼のふだんの行動にふさわしいものだったのだろうか？

「私は会費を払う会員に過ぎませんでした。というのも制服を身につけたこともなければ、何かの役職に就いたこともなかったからです。私がRFBに所属していた間、政治集会に出たのはたったの三回で、それはもちろんKPDの集会でした。RFBに参加したのは、当時、コンスタンツの同じ時計工場で働いていた同僚のFに何度も勧誘されたからです」

と後に彼は語っている。

彼の政治的態度は、コンスタンツでもケーニヒスブロンでも、イデオロギー的な思考の結果ではなく、彼の身近な社会環境を観察したうえで導き出されたものだった。特に彼は国民社会主義者たちの政治が労働者の経済状況を（NSプロパガンダが信じ込ませようとしたようには）改善せず、むしろ悪化させたことを肌身に感じていた。これが彼の義憤に火をつけることになった。

「私は木工組合の組合員でしたが、それはこの組合が私の職業の労働者団体だったのと、組合員になることが求められたからです……

個人的には、政治に関わることはありませんでした。選挙権を与えられる歳になってから、私はいつもKPDの候補者リストに投票しました。それは、KPDが労働者の党であり、必ずや労働者のために動いてくれると考えたからです。それでも、自分の一票を投じればいいと思っていたので一度も党員にはなりませんでした……。

KPDがドイツでレーテ独裁〔共産主義革命を支持する労兵評議会による独裁のこと〕あるいはプロレタリアート独裁を樹立する意

図と目標を持っていたことを知っていたかと問われたら、以前そのようなことを耳にしたかもしれないし、その可能性は排除できないと言わざるを得ません。でも、それを聞いて何かを考えたということは決してありませんでした。私はただ、一票を投じてKPDの権限を強化しなくてはならない、そうすればKPDは労働者のためにより多くのことができるだろう、としか思っていませんでした。暴力革命の話は聞いていません。

KPDの政治綱領には一度も興味を持ったことがありません。ですからKPDが勝利した場合に経済状況がどのように変化したかは分かりません。集会の場で話し合われたのは、労働者にもっと賃金を払うべきだ、もっといい住宅を供給するべきだといったことだけでした。こういう要求事項が列挙されたことで、もう私はKPDに傾倒していったのです」

一九三七年夏。ゲオルク・エルザーは天気が良ければ毎朝、自転車に乗ってハイデンハイムの仕事場に向かった。走行中、彼は自分の考えに没頭していた。自分の未来はどうなるのだろう、特にエルザとの関係は？　彼女はすでに離婚届を提出し、夫と一緒に住んでいた家を出て、イェーベンハウゼンの実家に戻っていた。一方で彼は、エルザといると安心感があった。まるで母親のように自分の面倒を見てくれるエルザのことが好きだった。自分はこのような愛情をずっと望んでいたのではないだろうか。彼女の両親との関係も良好だった。自分を受け入れてくれたばかりか、彼女の父親は数日前、インテリアデザインの勉強をするための資金を出してくれると言ってくれた。「君は見どころのある若者だ。何か大きなことを成し遂げるだろう」とまで言ったのだ。エルザの両親からはさらに、自分たちの所有するアパートに住んだらどうかとも提案された。父親は「もし住む気があるなら、今の入居者にすぐに解約通知をするぞ」と言っていた。ゲオルクはどちらの申し出も断った。自分のために他の人が追い出されるのは嫌だし、エルザの父親に学費を出してもらうのも嫌だったのだ。「あてがわれた愛の巣に腰を落ち着けたくはない」。彼はエルザにそう説明した。

彼はエルザの両親の思惑を理解していた。結婚に失敗した娘と二人の幼子たちが立ち直るのを助けてあげたいのだ。両親の眼にゲオルクは、打ってつけの相手だった。彼がそばにいれば、愛娘のエルザは再び家族の幸せを手に入れることができるだろう。そう両親は考えたのだ。今、エルザ―はハイデンハイムの最初の家並みが朝霧の中から浮かび上がるのを見て、かつてエルザと結婚の約束をしたことを思い出した。まず彼女が離婚して、そうしたら僕たちは結婚できると言ったのだ。しかしその後で彼は不安に駆られてしまった。自分に家族が養えるのか？　婚外子の養育費を差し引かれても、この先、十分な収入を得る見込みはあるのだろうか？

そのことをエルザに話すと、彼女は安心させようとしてこう言ってくれた。「なんとかなるでしょう。意志のあるところ、道は開ける、よ」。でも自分はこの道を進みたいのだろうか？　エルザを愛してはいたが、どれほど愛していても、エルザはこれからの人生をともに過ごしたい女性だろうか？毎日、いやひょっとすると一生涯？　それにしても二人の趣味、二人の性格は違いすぎやしないだろうか？　彼女の計画は？　そして彼の計画は？　これからの自分の仕事はどうしたらいいだろう？結局彼は、給料はちゃんともらえても、自分が修得した職人としての技能とはまったく関係がなく、自分の考えにもそぐわない補助作業をずっと続けたくはなかったのだ。自分はどうやって実家の窮屈な環境から抜け出せばいいのだろう？　今彼は屋根裏部屋で寝起きしていた。その分の家賃を払えと親から言われているが、家の仕事を何年も報酬なしにやっていたことを盾に、支払いを拒否したところだった。そして自分は、エルザが部屋に来るときに母が自分に向ける不快そうな視線を、いつまで我慢すればいいのだろう？

ゲオルク・エルザーはその日の朝、幸せとはほど遠い気分だった。自分の人生が行き詰まり、自分にとってもよそよそしいものに思えた。見通しはあるのか？　一九三七年の一年間と翌三八年の大部分は特段の出来事も変化もなく過ぎていった、と彼は後に尋問で答えている。毎日が同じことの繰り返し。仕事、終業、週末、週に一度のツィタークラブでのリハーサル。ゲオルク・エルザーは閉塞感にとらわれた。彼の毎日は儀式のようなものへと凝り固まった。

ゲオルク・エルザーの孤立した一匹狼のような暮らしは、それまでの数年間よりもさらに嵩じて、傍目にも目立つようになっていた。彼はエルザおよび親友のオイゲンとだけは連絡を取り合っていた。この二人はエルザーが自分との親密な関係を許しただけでなく、自らもそれを求めた唯一の人間だったのだ。食事をとるためによく立ち寄ったレストランでも、彼はつねに部外者であり続けた。彼は控えめな様子で独り座っていた。目を凝らし、耳を傾け、思いを巡らせながら……。彼は当時、ほとんどの人がしなかったことをした。ナチスのプロパガンダを社会の現実と照らし合わせ、両者を比較したのだ。ベルリンのゲシュタポ本部での尋問で、彼は次のように語っている。

「一九二九年にコンスタンツの時計工場で週平均五〇ライヒスマルクを稼いでいたとき、当時の控除額は税金、健康保険、失業者支援金、廃疾《はいしつ》保険印紙などを合計して五ライヒスマルクほどでしかありませんでした。それが今は週給二五ライヒスマルクですでに同じ控除額になっています。家具職人の時給は一九二九年に一ライヒスマルクだったのが、現在ではわずか六八ペニヒしかもらえません。一九二九年には労働協約に基づいて一・〇五ライヒスマルクの時給が支払われたこともあったと記憶しています。

いろいろな労働者と話してみて分かったのは、他の職業集団でも、国民蜂起の後に賃金が引き下げられたにもかかわらず、控除額の方は増えたということです……。

私は一九三八年までの時期、そしてさらにその後にも、このようなことを観察し、確認しました。また私は同じ時期に、そのせいで労働者たちが政府に対して『怒り』の気持ちを抱いていることにも気づきました。私は一般の世論として申し上げただけで、このようなことを言った個人の名を挙げることはできません。働いていた会社でも、料理屋でも、電車の中でも聞こえてきた話です。どう頑張っても一人一人の名前を挙げることはできません。そもそも私はその人たちの名前を知らないのですから」

供述の際に彼がつねに配慮したのは、同僚や友人知人を誰一人として苦境に立たせまいという点だった。同僚たちの間に不満や「怒り」が燻《くすぶ》っていることを彼は見て取ってはいたが、歓呼の声をあげる多数派はここケーニヒスブロンの街においても存在した。それを彼が見逃すことはなかった。僻遠の地の住民にまで押し寄せていた民族的な熱狂、そして喧《かまびす》しいまでに昂る興奮は、いっこうに収まる気配を見せなかった。ただしエルザーの心がそれに染まることはなかった。彼はこの政権を偽りであり、冷笑的で不正なものと感じていたのだ。ガストホーフ「カワカマス亭」の国民受信機から総統のがなり声が聞こえると、彼は以前同様、席を立って出ていった。派手派手しい鳴り物に踊らされた民族的な熱狂は、彼に本能的な嫌悪を抱かせた。彼にとっては、大量の「ハイル」の掛け声のもとで自らの疑念が絶望へと変わっていくかのようだった。

個人的なものであれ、政治的なものであれ、そこになんらかの出口はあったのだろうか？　エルザーの思念が日増しに彼自身を呑み込んでいく。それは死へと至るものだった……。

第10章
決断、そして計画

列車はゆっくりミュンヘン中央駅に入ってきた。蒸気機関車がキーッという軋み音とシューッという長い音を残して停止したとき、ちょうど時計の針が動いて一九時を指した。プラットホームと切符売り場のある広いホールには大勢の旅客が忙《せわ》しなく行き交っていた。党員の制服を身につけた者が目につく。ゲオルク・エルザーは暗色のウールコートを羽織り、右手に小さな旅行鞄を持っていた。一九三八年一一月八日のこの晩、彼はいつも以上に目立たない様子だった。彼の小柄な痩身は制服を着た群勢の中に紛れ込んでいた。彼は速足でホールを横切り、右に曲がると隣の建物に向かった。その入り口の上部には「宿泊案内所」の文字が遠くからもよく見えた。彼は順番を待つ人の列に加わった。しばらくすると彼は中に入ることができた。

「そこにはいくつか窓口があって、案内所の職員と一般客の中には党の制服を着た者もいれば私服姿の者もいました。窓口で自分の名前と出身地、それから一九二三年の行進〔ミュンヘン一揆のこと〕の参加者かと聞かれたかどうかはもう覚えていません。ただどの地区に宿泊を希望するかを聞かれただけだったと思います。
　これについて私は何の希望も出しませんでした。案内所で渡されたのは、『アルバーニ通り、○○番地、家主○○』と書かれた紙だけでした……。宿泊代としていくらか前払いしなくてはならなかったかどうかは、もう覚えていません。私は案内所からアルバーニ通りに直行しました。ミュンヘンには土地勘がなかったので、路面電車を使いました。車掌さんに尋ねたところ、指定されたアパートまでのおおよその道順を教えてくれました。しかしようやく到着してみると、そこには泊まる部屋がひとつもないと言われました。それでそこの人たちが気遣ってくれて、名前はもう忘れましたが一階下の借家人一家の住まいに私を泊まらせてくれたのです。細かな経緯は覚えていませんが、私はそこの家のソファで寝るしかありませんでした。警察にはその住まいで届けを出しました。下宿先の人たちから質問されたので、私は自分はゲオルク・エルザー、実家はケーニヒスブロンだと答えました。彼らには、自分はただミュンヘン観光がしたくて来た、と説明しました」

　しかしゲオルク・エルザーは、絵葉書に描かれるような名所旧跡を訪れるためにミュンヘンにやって来たわけではなかった。彼はバヴァリア像〔テレージエンヴィーゼにある女神像〕や聖母教会、ホーフブロイハウスには関心がなかった。この日の朝、彼はケーニヒスブロンで列車に乗り込んだ。この旅の目的が自分の命を奪うことになるかも知れないと承知しつつ。総統を排除するという自らの決断の下準備のために、ウルム経由でバイエルンの大都市に向かったのだ。彼はヒトラーを殺すつもりだった。しかも単独で。彼は日刊紙で、ミュンヘンのビュルガーブロイケラーで「古参闘士たち」が毎年集会を持つことを知り、この恒例イベントの流れを摑むために、こうしてこの街を訪れたのだ。

「あのとき私は、自分の決断を実行する可能性が現地にあるのか、もしあるとすればどのようなものかを確認したいと思いました」

後に彼はそう尋問に答えている。

夜八時頃にゲオルク・エルザーはアルバーニ通りの部屋を出て、ハイトハウゼン地区にあるビュルガーブロイケラーまで歩いた。あらかじめ下宿先の家族にそこまでの道順を教えてもらっていた。彼はしばらくイザール河沿いを散策するように歩いた後、道路の反対側に渡り、ローゼンハイマー通りをビュルガーブロイケラーのある方向に進んだ。右に折れるとホッホ通りになるところで大量の警察隊が車道を封鎖していて、歩道には延々と続く人の列ができていた。とうに満員となったビアホールに入れてもらえなかった人たちだ。今彼らは、集会を終えて帰宅するNS高官たちの姿を一目見ようと待っていた。ひょっとすると数秒だけでも総統の御姿を拝めるかもしれない。ゲオルク・エルザーは一〇時半まで、制服姿の目立つ群衆の中に佇んでいた。その後、通行止めが解除され、群衆は少しずつ散っていった。ビュルガーブロイケラーを後にする党幹部たちを見送る歓喜の声援は、すでに響き止んでいた。

エルザーは今、ローゼンハイマー通りをさらに進み、ライトアップされたビュルガーブロイケラーの入り口の真ん前に進み出た。店内ホールでは褐色のシャツを着た一団がビールの最後のジョッキを飲み干していた。椅子やベンチの上には、息が詰まるようなねっとりとした空気が残っていた。つい先ほどまで、およそ三〇〇〇名の国民社会主義者たちがここで総統の演説に耳を傾け、その立居振舞と憎悪に満ちた長広舌に陶然として、拍手喝采していた。そして最後に感極まった聴衆たちからは「ハイル」の大合唱と右腕を斜め前方に掲げた「ドイツ式敬礼」が総統に捧げられていたのだ。

今やスタッフは忙しそうにジョッキやグラスを各テーブルから片付けていた。例年通り、総統が演説中に口をつけたグラスは、抜け目のないボーイによって、ヒトラーを崇拝する大勢の女性たちのうち、最高値をつけた者に落札された。彼女たちはつい先ほどは、大きなハーケンクロイツ旗への忘我のキスによって、愛する総統への忠誠を表明していた。ちょうど演台の真後ろに当たる柱から垂れ下がっていたあの真紅の旗だ。

ゲオルク・エルザーは正面入口からクロークを通って直接ホールに入った。

「私はホールの入口からホール中央部まで進んで、そこをじっくり観察し、演台の位置やどんな装飾が施されているかを確認しました。二階席自体には行きませんでした。このホールでどうやったら一番うまく暗殺を実行できるのか、という点については、現場では考えませんでした。

ホールのレイアウトを確認した後、私はそこからクロークを通ってビュルガーブロイケラーのいわゆる『ブロイシュティーベルル』という客室に入り、そこの取っ付きのテーブルに座ってタ食を食べました」

後の尋問の際に彼は最初の印象についてそう語っている。

彼は深夜一二時頃に「ブロイシュティーベルル」を出て宿に向かう。宿に着き、自分に割り当てられた部屋に行き、ソファに横になって寝ようとした。

ふと彼の頭をよぎったのは、このホールが何の警備もされておらず、入店チェックも皆無で、いつでも入れそうだということだった。主催者はそれほど無思慮なのだろうか？ それほど安心しきっているのだろうか？

一一月九日の朝、彼は朝食を終えて、九時頃に宿主の一家に別れを告げた。宿泊費として彼は自発的に一ライヒスマルクを支払った。それからすでに勝手知ったるルートを通ってビュルガーブロイケラーまで歩いた。そこで「運動の犠牲者たち」を追悼するパレードの隊列を観るためだった。ヒトラーはその三年前に初めて、大掛かりなセレモニーの一環として、「一九二三年一一月九日のフェルトヘルンハレ（将軍廟）への行進」の際に命を落とした戦士たちを顕彰し、以来それが恒例の儀式となっていた。「血の証人（殉教者）たち」の一六基の石棺を安置するのにふさわしい記念建造物の設計が建築家のルートヴィヒ・トローストに委託された。それ以来毎年、総統を先頭にした国民社会主義者たちの追悼行列が、ビュルガーブロイケラーから始まり、NS礼拝所として二つの古典主義的な巨大寺院が建造されたケーニヒ広場までの道のりを巡礼した。

この年の一一月九日も、沿道にラウドスピーカーからホルスト・ヴェッセル・リートが繰り返し流され、無数の旗や連隊旗を持った大勢の国民社会主義者たちが無言のまま、通行人たちの中を行進していった。ゲオルク・エルザーは強烈な印象と反感を同時に覚えた。初めてNSの大衆スペクタクルのドラマトゥルギー（作劇法）を目の当たりにしたのだ。彼には制服を纏った無言の行進が果てしない葬列、破滅へと突き進む行列のように思えた。彼はそれまで以上に自身の拒絶と抵抗を明瞭に意識していた。すでに以前から暗殺計画を育み、成熟させてきたさまざまな思念が彼の脳内を駆け巡る。

「一九三三年以来、私は労働者階級に不満が燻っているのを見てとり、一九三八年の秋以降は戦争が不可避だと感じていて、この二つがつねに私の思考回路を占めていました。それが一九三八年の九月危機の前だったのか後だったのかはもう覚えていません。私が独り考えたのは、どうしたら労働者の置かれている状況を改善し、戦争を回避できるのかということでした。誰かにそうするよう勧められたわけでもなく、そういう意味で誰かから影響されたわけでもありません。似たような話を耳に挟んだこともありませんでした。モスクワのラジオ局からドイツの政府と体制を打倒しなくてはならないという放送を聴いたこともありません。私自身の考えで、ドイツの現状を変えるには現在の指導部を排除するしかないとの結論に至ったのです。指導部というのは『最高幹部』、つまりヒトラー、ゲーリング、ゲッベルスのことです。私はいろいろ考えた結果、この三名を排除すれば他の人たちが政権の座に就き、彼らは外国に無理な要求を突きつけたり、『よその国の土地を奪おう』と思ったりせず、労働者の社会的環境の改善を考えてくれるだろうと確信しました。当時もその後も私は政権に就いてほしい特定の人物を想定してはいませんでした。あの頃は国民社会主義を排除したいと考えてはいませんでした。国民社会主義者たちは権力をがっちり握っていて、けっして手放しはしないだろうという確信がありました。私の考えは、ただ、その三名を排除することで政治の目標設定がより穏やかなものになるだろうというものでした。確信をもって言えるのは、指導者が排除された後でドイツの舵取りをすることになる他の政党や組織については、まったく考えていなかったということです。この点についても誰かと話し合ったことはありません。当時私は指導部排除の考えにのめり込んでいて、一九三八年の秋、あれは一一月より前のことでしたが、それまで繰り返し検討してきたことに基づいて、ついに決断を下しました。指導部の排除は自らの手で実行しようと」

その数週間、彼はたえず政治状況についても思いを巡らせ、それを友人オイゲンと話し合った。戦争になるのではないか?「ミュンヘン協定」の後、ゲオルク・エルザーはその可能性を恐れていた。

「なあ、オイゲン」。あるとき彼はいっしょに散歩しながら言った。「指導部がそれで満足するわけないよ。連中は他の国も狙っているのさ」。オイゲンは考え込むように頷いた。

二人は別のときに労働者の状況についても話した。「労働者の立場は数年前より悪くなってる。今じゃ天引きされる額は増えたのに賃金が減っているんだ」とゲオルクが吐き捨てるように言い、オイゲンは肩を竦《すく》めてこう返した。「そうだな。でもどうしたいんだい? 労働者自身がナチスに投票しているんだぜ。誰もが不満を漏らすけど、大声で自分の意見を主張する人はいないんだ」

ゲオルクも頷いた。それは二人が実際に経験していたことだった。ゲオルクもそんな経験を重ねていた。ハイデンハイムの制御弁工場で補助作業員として働いていた彼は、それまで培ってきた職業上の理念が日を追うごとにことごとく行き詰まっていく様を目の当たりにしていたのだ。

二人の会話は彼らの日常生活と深く関わっていた。ゲオルクの職人としての能力はもはや必要とされず、彼の自己実現の唯一の方途が土台から崩れてしまった。彼は最初、職場での体験と経験から意気消沈し、その後は闘志を掻き立てられた。政治的な問題に関して多く語ることを好まなかった彼が、毎回人前で自説を訴えかけるようになったのだ。彼はそれによって不利益を被りかねない場合でも怯まなかった。臆病な日和見主義をなによりも嫌っていた彼は、その数週間でいよいよ確信するに至った。それは何かしなくてはならない、行動に移せ、抵抗せよということだった。

ミュンヘンから戻った彼は、暗殺計画を実行に移す決意を固めた。こうして準備が開始されることになった。

「それからの数週間で次第に見えてきたのは、演台の後ろの柱に爆薬を仕掛けて、何らかの装置を用いて正しい時刻に爆発させるのが最善だろうということでした。その起爆装置をどんなものにするのか、その時点ではまだはっきりしたイメージはありませんでした。その柱を選んだのは、爆発の際に飛び散る破片が演台で演説する人物とその周囲の者たちを直撃しなくてはならなかったからです。爆発により天井が崩落するかもしれないということもすでに想定していました。

ただし式典の際にどういう人物が演台を囲んで座るのかは知りませんでした。それでもヒトラーが演説することは分かっていましたし、そのすぐそばに幹部たちが座るだろうと思っていました。そのときまで私は、特定の時刻に爆弾を起爆させる装置を作ることについては理論的にも実践的にも経験がありませんでした」

彼は後にゲシュタポに尋問されたときに、最初の頃に考えたことを説明している。また部品工場での仕事が彼の目的にどれほど役立ったかについても供述している。

「ハイデンハイムの部品工場には、私が入社したときすでに、いわゆる『特殊部門』という部署があって、火薬を圧縮したり砲弾の起爆装置を製造したりしていました……。部品工場にはこの特殊部門のために、起爆装置やその部品のサンプル、図面がしばしば送られてきました。それを私が会社を代理して受領し、納入品を検品した上で特殊部門の各職長に届けていたんです。配送部門の私がそれらの納入品の到着日時や品目および個数の正しさを記録しました……。

私は火薬圧縮部門で到着した火薬入りの箱や容器を一人の作業員に渡すよう言われていました。この作業員の名前はもう分かりません。そこには職長はいませんでした。そこから私は空になった箱や容器を配送部門に持ち帰ることもやらされました。空の箱と容器を一階の部屋に持って行くと、一人の作業員が受け取りました。入荷した注文品を届ける際には、私にあてがわれていた二人の助手も手伝ってくれました。特殊部門に勤務する職長や従業員とは友人でも知人でもありませんでした。ただ顔を見れば誰だか分かる程度でした。特殊部門には起爆装置の組み立て方を私に教えてくれる人は一人もいませんでした。そのような起爆装置を組み立てるところを見たこともありません。それは工場の管理者から禁止されていました。私はただ、納入された材料を特殊部門に届けたら、すぐに自分の部署に戻るよう言われていました……。

起爆装置がどのように組み立てられるかを見ることは許されませんでしたが、起爆用のピンなどのさまざまな部品が私の手を介して運ばれていくのを見ましたし、キャリパー（測径器）用の正確な寸法が書かれた図面もよく手にしました」

ゲオルク・エルザーはまったく怪しまれずに、合計二〇〇個の圧縮火薬を盗み出し、屋根裏部屋に隠すことに成功した。

「まだ実家にいた間は、だんだん溜まってくる火薬は自室の衣装箪笥にしまっておきました。火薬を紙で包み、箪笥の底の方に並べ、その上に下着類を被せて隠しました。家族の誰にも見つかりませんでした。部屋にはいつも鍵をかけていました」

彼の不信感にはいろいろと理由があった。すでに数か月前から彼の家はゴタゴタ続きだったのだ。弟レオンハルトの結婚がそのきっかけだった。弟は後に諍いの原因についてこう語っている。

「私は一九三八年に結婚したのですが、そのときゲオルクと喧嘩になりました。つい兄に向かって、この家から出て行けって言ってしまったんです。登記簿上、この家は三分の一が私のもの、そして父と母にもそれぞれ三分の一の権利がありました。ゲオルクには家の持ち分がなく、金銭的なことで言い合いになったのです。私がゲオルクに家賃を払えと言ったのに、彼は払ってくれませんでした」

家族の諍いで一番苦しんだのは母親だった。彼女は何度か和解させようとしたが、ゲオルクはそれを拒んだ。彼とすれば、家族のためにここ数年、さんざん尽くしてきたのに、そんな自分が軽んじられ、冷遇されていると感じていたのだ。「それでゲオルクは一切口を利かなくなり、家族との付き合いもやめてしまったんです」。母親は後にそう語った。

結局、ゲオルク・エルザーは喧嘩をして実家を出て行った。この亀裂は二度と修復されなかった。ベルリンでゲシュタポの尋問を受けるときまで、この家族が再会することはなかったのだ……。

一九三九年四月四日、ゲオルク・エルザーはケーニヒスブロン駅の窓口でウルム行きの切符を購入し、そこからミュンヘン行きの急行列車に乗り込んだ。今回もまた、彼の旅を特に不審視する者はいなかった。彼はすでに三月の時点でハイデンハイムの部品工場に辞表を提出していた。

「辞表を出した理由は親方と口論になったからでした。相手はKという名の徒弟部門の親方で、私にいろいろ失礼なことを言う男でした。上司でもないのにそういう態度なので、私は我慢できませんでした。配送部に届いた彼宛の小包を緊急時なので開封するよう言われましたが、私の考えではそんな必要はありませんでした。そこでは十分な量の爆薬を盗むことができないかもしれないとも考えましたが、それだけでその会社を辞めたわけではありません。経営者は私の辞表を受け入れてくれませんでした。ちょうどその頃、彼が病気になったので、その代理人に相談しました。何度も顔を出してせっついて数日後、ようやく私に必要書類を返してくれました」

エルザーには家で旅のことを話す理由などなかった。ミュンヘンから戻ることができたら、すぐに実家を最終的に出ようと決めていた。彼は親友のオイゲンにさえ話さなかった。自分の計画のことも準備のことも。恋人エルザとはどうだったのだろう？

この数週間、彼はエルザとの連絡をなるべく控えていた。時間がなかったためなのか、彼女への関心を失ったせいなのか、それとも二人の関係に先がないという事実を改めて認識したからなのか？彼が身を引いたのは、どのみち理解してもらえないことに彼女を巻き込みたくなかったからなのだろうか？　しかしそもそも誰が彼を理解し得ただろう？

数日前に彼は屋根裏部屋で爆発物の最初の見取り図を描き始めた。後に彼はこう供述している。「頭の中で爆弾装置の大まかな構造を考えたときに、装置を取り付ける柱の正確な寸法を知ることが不可欠であるという結論に至りました」。それで改めてミュンヘンに行かねばならなくなった。彼はミュンヘンのローゼンハイム広場近くのガストホーフに実名で部屋を借りた。

この物静かな客は特に誰の目も引かなかった。彼は毎朝、食堂の隅の席で朝食を食べると、いつの間にかいなくなり、夜遅くにようやく帰宅した。給仕たちは彼のことをほとんど気に留めなかった。そもそも気に留める必要があるだろうか？　客がきちんと部屋代を払い、騒ぎ立てたりしなければ大歓迎だった。そんな客に向かって、いったいどこから来てどこへ行くのかなどと尋ねる者はいなかった。いくらか内気な印象を与えるこの客は、一週間分の宿代二ライヒスマルクを前払いで払った。つまりこの無口な男は、宿屋にしてみれば最も好ましい客の一人だったのだ。

ゲオルク・エルザーにはやることがたくさんあった。ミュンヘンに到着して二日目、彼は再びビュルガーブロイケラーに行き、必要な手描きのスケッチをした。今回もホールへの扉は開いていた。

「爆発物をどこに設置するのかに頭を悩ます必要はもうありませんでした。二階席の踊り場に設置することは、すでに決めていました。ですから私はそのとき、すぐ二階席に向かいました。覚えている限りでは、ホール入口の左手の階段を上って、最短のルートを取りました。二階席に着くと持参した折尺《おりじゃく》で問題の柱の寸法を測定し、結果をメモ帳に書き留めました。つまり小さな図面を手書きして、そこに測定した各部の寸法を書き入れたんです。そのとき私以外に人がホールにいたとは思いません。少なくともそこで誰かを見た記憶はありません。私は正面出口からホールを後にしました。結局、建物には合計して五分ほどしかいませんでした」

その後で彼は、正面出口の左手にあった「ブロイシュティーベルル」に行って一杯のコーヒーを注文した。しばらくすると一人のボーイが食事をするためにエルザーのテーブルに座った。二人は言葉を交わした。ボーイの話によると、彼は近々入隊しなくてはならないが、あまり気が進まない、入隊したら今の職を確実に失ってしまうからだという。ゲオルク・エルザーは考え込むように頷いた。辞める彼の後釜になれたら、暗殺の準備にとって有利だろうと思いついたのだ。彼は「自分もボーイになれないかな？」と若い相席者に尋ねた。すると彼は驚いたものの、後で監督に訊いてみると約束してくれた。

宿に戻る道すがら、エルザーは考えた。

「もしボーイになれたら願ってもないことだ。かなり節約にもなる。確かに木材や工具類、チェロを売った金とハイデンハイムの金具工場時代の貯金を合わせると四〇〇ライヒスマルくらいはある。しかしうまくやりくりするに越したことはない。ボーイになれたらミュンヘンの高い宿代を節約できるし、そのうえ給料までもらえる……」

今やゲオルク・エルザーは「ブロイシュティーベルル」に日参し、そこで食事を取りながら、ホールの扉が開いているかどうか、中に誰かいるかどうかを確認するようになった。そしてボーイを見かけるたびに、監督に訊いてみるという例の約束を彼に思い出させた。しかし五日目になってもボーイは何も教えてくれない。そこでゲオルク・エルザーは監督に直談判することにした。

「例のボーイに入隊命令が出ていることを知って監督はかなり驚いていました。ボーイからは何も聞いていなかったので、どうやら私の直談判の後で、そのボーイに雷を落としたようでした。後でその話をしてきたボーイから私は文句を言われました。あらかじめ相談もせずに、いきなり監督に話を持っていったことが気に食わなかったのです。あるとき、私がビュルガーブロイケラーで座っていると、監督がまた私のテーブルに来て、あのボーイが契約の継続を望んでいるので、君を雇うのは難しいだろうと言いました。ボーイ本人とはその後も何度かこの問題を話しました。毎回ビールを一杯、彼に奢りました。とうとう入隊が避けられなくなったときに私を後任に推薦してくれたら、彼に二〇ライヒスマルクあげると約束して、しまいにはその金額が五〇ライヒスマルクになり、ただの口約束ではなく書面に残すということになりました」

エルザーは尋問されてその様に答えている。

その若いボーイはとにかく不思議そうだった。二人が最後に会ったとき彼が「どうしてそんなにボーイになりたいんですか?」と尋ねると、ゲオルク・エルザーは「ミュンヘンに出てくることが自分の大きな夢だったんだ」と答えた。相手はその答えに納得した。

四月一二日、ゲオルク・エルザーは三等車に乗ってケーニヒスブロンに帰省した。役に立つ正確な寸法を書き込んだ手描きの見取り図に加え、柱とホール内部を写した何枚かの写真など、計画した通りにすべての用意ができた。フィルムはハイデンハイムに着いたらすぐに、知り合いの写真家のところに持っていくつもりだった。

一九三九年五月にゲオルク・エルザーはシュナイトハイムに移った。下宿先はザウラー家といって、そこの娘のマリアと彼はハイデンハイムの会社で知り合っていた。彼女との関係は密かなものだったが、やがて彼にとってエルザとの関係に劣らぬほど強い絆で結ばれたものとなる。一方、エルザはすでに夫と離婚し、最終的に二人の子供とともにイェーベンハウゼンの彼女の実家に住んでいた。

ゲオルクはザウラー家のもとで居心地がよかった。彼らはゲオルクの控えめな性格を受け入れながらも、家族水入らずの生活にときどき呼んでくれたのだ。もちろん毎回というわけではなかったが、ゲオルクが夕食への招待を喜んで受け入れたことも何度かあった。そんなときは台所で座ってトランプやおしゃべりに興じたり、ラジオを聴いたりして過ごした。ときにはいわゆる「敵性放送」の場合もあった。

「ラジオはそこの台所にありました。このラジオで私たち、つまりそのとき台所にいた人たちが、ストラスブールのラジオ局をよく聴きました。スイスの放送局だったこともありました。私はときどき夜中、一家が寝静まった頃に、一人でモスクワの局を選局して、そこのドイツ語放送を聴いたこともありました。このラジオにも『モスクワ』という局名は表示されていませんでした。ドイツの各ラジオ局の他にはたぶん一度か二度、英語の放送局も聴きましたが、それ以外をそこで聴いたことはありませんでした。『自由放送29・8』（一九三七年一月から三九年三月までスペインのマドリードからドイツ国民に向けてドイツ語で放送したラジオ局。局名は29・8メガ

（ヘルツの波長に由来）やこれに類する放送局については知りません。家族の輪の中では放送内容についても議論しました。そうした会話の細かな内容はもう覚えていません。でも、明らかな虚偽報道はみんなから相手にされなかったことは覚えています。そうでない報道については、もしかしたらこれは本当だろうか、とみんなであれこれ話しました」

ザウラー一家はこの間借り人のことが好きだった。彼と話すのは楽しかったし、みんなが彼を信頼していた。彼はアパートの地下室にささやかな工房を作り、夜はそこに一人こもって作業をしていた。あるとき家人が彼に、地下でいったいどんな「大仕事」をしているんだいと尋ねた。そのとき彼は秘密めかしてこんな返事をした。「実はある発明に取り組んでいて、無事に特許を取得するまでは極秘案件なんです」。家人は度肝を抜かれた。「うちのゲオルクは発明家だったのか！　道理で何でもできるわけだ……」

この時期のエルザーは以前にも増して隠者のような生活を送っていた。暗殺の準備に専念して生活全体をそれに従属させていたのだ。生活の中心にあったのは彼の計画、つまり爆弾の製造だった。シュナイトハイムに移る四週間前に彼は意図してケーニヒスブロンの採石場の仕事に応募していた。そこで爆発物が使用されていることを知っていたからだ。

「その採石場に求職した一番の理由は、そこなら暗殺計画に必要な火薬が手に入るということでした」

尋問に彼はそう答えている。彼は補助作業員としてそこに雇われた。時給は〇・七〇ライヒスマルクだった。

「私は一九三九年の四月に、エルザーの申し出を受け、彼を雇いました。そのときのエルザーは失業中で、私の方は採石場のために急いで従業員を集める必要があったんです。エルザーは発破技術に並ならぬ関心をもっていました。彼と話したときに聞いたのは、彼が近い将来、ミュンヘンに戻り、本来の職種で就職する見込みだということでした」

何年も後に採石場のオーナーはそう回想している。

ゲオルク・エルザーは発破作業に直接関わってはいなかったが、その準備がどのように行われるのかを観察する機会は十分にあった。そしてそれ以上に重要なことがあった。彼は、爆薬の管理がきわめて不十分であることを知ったのだ。コンクリート製の小屋に保管して鍵一つかけるだけという杜撰さだった。

「働き始めた週には早くも、爆薬を違法に持ち出すことを開始しました。私が初めてやったのは職場の近くで発破が行われたときでした。発破に必要な量よりも爆薬を多めにコンクリート小屋から運び出すことがよくありました。発破にどれだけの量が必要かということは、いつもその場で判断するしかありませんでした」。エルザーは、余った爆薬をこれから使用する分とは別に、少し離れた場所に置いた。「よく弾薬筒が五本、八本、あるいは二本だけ、という具合に無造作に転がっていました」。私はそれが確認できたら、わざわざそこまで歩いて行き、いつも一本だけくすねて、それをポケットに隠しました。その前には必ず、自分を見ている人がいないことを確認しました。これを私は八回ほどやりました。いつも勤務時間中でした。この窃盗はどうやら一度も見咎められませんでした……」

その後、エルザーは夜中に何度か爆薬庫に忍び込み、爆薬と雷管を盗み出した。それは暗殺に必要となるであろう量よりはるかに多かった。コンクリート小屋の錠前はケーニヒスブロンの実家の古い鍵を使って開けた。小屋の錠前に合うようにあらかじめヤスリで加工しておいた物だ。後のゲシュタポによる尋問で爆薬の窃盗について訊かれた彼は、ある夜の経緯を詳しく説明している。

「小屋の扉を開けて中に入りました。持参した懐中電灯のスイッチを入れて小屋の中に木箱が二つあるのを確認しました。長さ約八〇センチ、幅二五ないし三〇センチ、高さはおよそ三五センチでした。両方とも開封済みで、まだ半分ほど爆薬筒が残っていました。片方の木箱の弾薬筒には『ドナライト』という文字と数字が印字してあり、数字の方ははっきり覚えていませんが、『1』だったような気がします。もう一方の木箱の弾薬筒には、これも断言はできませんが、『二トロゲル（ゼラチン）』と書かれていたと思います。弾薬筒は二〇本から二五本の単位でさらにボール箱に詰めた状態で木箱に収められていました。

小屋の中に入ったのはその日が初めてでしたが、弾薬筒が二〇本ほど入った箱を一箱、持ち去りました。『ドナライト』と『ニトロゲル』のどちらの弾薬筒だったのかは、もう覚えていません。それから私は小屋を出て、同じ鍵で鍵をかけ、弾薬筒を持って家に帰りました」

ゲオルク・エルザーは盗んだ爆薬をトランクに入れ、それを部屋のベッド脇に置いておいた。このトランクには必ず鍵をかけ、その鍵は肌身離さず持ち歩いた。一見すると何の変哲もないトランクだが、実は二つの隠しポケットがあり、二重底になった特殊なものだった。数週間前のある晩、ゲオルクが地下工房でこの隠しポケットを取り付ける作業に取り掛かっていると、マリアが急に現れて彼を驚かせた。

「トランクに何の細工をしているの？」。彼女が不思議そうに訊いてきた。

「発明品の図面をここに隠しておこうと思ってさ」。最初は虚を突かれて狼狽《うろた》えたが、すぐ、相手に納得してもらえそうな言い訳を思いついた。

マリアはその答えに納得したようだった。この家族には常日頃から「発明」の話をしていたので、彼女の耳にも半ば本当らしく聞こえたのかもしれなかった。

爆薬庫での夜の窃盗は発覚しなかった。その採石場では、爆発物の購入歴も使用歴も記録しておらず、誰一人、実際の在庫量を把握していなかったからだ。暗殺未遂事件後に採石場オーナーは、この事実ゆえに爆発物保管に関する安全規定違反の罪に問われ、一年以上の禁固刑を言い渡されるはめになった。

ひょっとすると自分の責任をうやむやにするためだったのだろうか？　尋問を受けた彼は陰謀論を展開し、それによりゲオルク・エルザーを謀略家たちの一味に仕立て上げようとしたのだ。採石場オーナーの尋問調書には、かつてケーニヒスブロンを去り、その後スイスで財を成したある男が登場する。男の名前はカール・クーフ。採石場オーナーにとってこの男は各方面に人脈を持つ、謎のスパイだった。オーナーの考えでは、この男こそがミュンヘンでの暗殺をゲオルク・エルザーに焚きつけた当人だった。


「ゲオルク・エーアーとかいう男はスイス人の『カール・クーフ』と昵懇《じっこん》の仲でしたよ。このスイス人は年に数回、静養を兼ねてケーニヒスブロンに来ていました。でもそいつがスパイだったことは証明済みの事実なんです。奴はここの商売人から金を違法にスイスに送金してもいました。エルザーでしたか、その男とスイス人は、エルザーが輸送用の木箱を作るという口実で、しょっちゅうつるんでいました。

クーフという男は私の最初の女房をよく知っていたんです。奴は一九三九年の五月から六月［聖霊降臨祭の前］まで、しばらくケーニヒスブロンに滞在してました。あるとき私の住まいに押しかけてきて、目の前に物売りの商売道具みたいな革製の巾着袋を置いたと思うと、こう言いました。『あんたは馬鹿だねえ。あんなどでかい採石場を切り盛りしても、俺の稼ぎにはとうてい及ばないんだからな。同じ石でもどうだ、見てみろよ！』。そして袋の中身を見せてくれました。いろんな種類の宝石やら指輪、ブローチやらがぎっしり詰まっていました。

私が、あんたの流儀で金を稼ぐつもりはないと言うと、クーフはこう答えました。『あんたが国民社会主義者で、政治的なことに関心がないのは知ってるよ。でも別の人間もいるんだ。俺たちはドイツ国内で起きることを注視している。断じてあってはならない。ヒトラーの独裁をこのまま許してはならないんだ。ヒトラーの野郎はこの秋にも戦争をおっ始めるだろうが、大して喜べはしないだろうよ。俺たちが年内にヒトラーを始末するんだから！』」

さらなる伝説を残すべく、彼は尋問官に別の記憶についても語っている。

「クーフはそれからしばらくケーニヒスブロンに滞在して、聖霊降臨祭の前夜にお別れパーティーを開きました［一九三九年］。私も招かれましたが、仕事関係の先約があったので、参加できませんでした。後で聞いたところ、このパーティーは『鹿亭』でかなり長い間続き、それからアーレン駅構内の飲食店に寄り道しました。コーヒーを飲んでいると一人のボーイがクーフのところに来て、一通の電報を見せたそうです。するとクーフは逃げるように店を出て、奥さんといっしょに車でケーニヒスブロンに向かいました。そしてオーバーコッヘンとケーニヒスブロンの間で、車が立木に突っ込んで彼は亡くなりました。

たまたま私の運転手がこの事故を目撃していて、すぐに事故車両のところに行って、まずクーフ夫人、次にクーフ本人を車外に引きずり出しました。そうしているとクーフから『ゲシュタポがもう来たのか？』と訊かれたそうです」

この採石場オーナーが供述で暗に言おうとしたのは、この事故の背後には怪しげな黒幕の存在があり、ひょっとするとこれはゲシュタポ自身が背後に潜む陰謀なのかもしれないということだった。

彼は以下の二点を確信していた。クーフはスイスでヒトラーの敵たちと接触していて、彼らは国民社会主義に反対というわけではないが、総統の戦争計画には大反対だった。そして自分の採石場で働き、爆薬を盗んで自分を刑務所送りにした男、あのエルザーはただの手先、つまり誰かからの依頼で動いただけであって……。

エルザーがクーフと連絡を取り合っていて、二人で暗殺計画を立てたという主張だが、後にゲオルクの弟レオンハルトはこの主張の正しさに疑問を呈している。

「私はケーニヒスブロンのクーフ氏とは顔見知り程度の関係でした。彼はケーニヒスブロン生まれですがスイスに住んでいました。クーフはよくケーニヒスブロンにやって来て、私の記憶では、一九三九年にもこの街に来てしばらく滞在していました。兄のゲオルクがこのクーフと友人だったのか、そもそも彼と何らかの関係があったのか、私はわかりません。でも断言できるのは、クーフが兄を訪ねて我が家に来たことは一度もなかったということです。それにゲオルクの口から、彼がこのクーフと知り合いだとか、一緒に仕事をしているといった類の話が出たことはありませんでした。その後、暗殺未遂事件の後や一九四五年の体制崩壊の後も、そのクーフが兄ゲオルクを焚きつけて暗殺未遂を起こさせたなんて話は聞いたこともありません」

ゲオルク・エルザーは自分の暗殺計画を誰にも話さなかった。恋人のエルザにも幼友だちのオイゲン・ラウにも。よりによって顔見知り程度の相手だったクーフにそれを打ち明けていた、などということがあるだろうか？

陰謀論は明らかに採石場オーナーの幻想から生まれたものである。彼は不当にシュトゥットガルト刑務所に入れられたことにずっと憤慨していて、尋問されたときに憶測や混乱した妄想を思いのままに吐露して、独自の理論なるものを展開したのだ。

当時ゲオルク・エルザーが採石場で働いたのは三週間だけだった。一九三九年五月一六日に大きな石が彼の足に落ちてきて、医師の治療を受けなくてはならなかった。診断は骨折だった。エルザーは足から脛の下端部までをギプスで固定されて、家主の台所にあったソファの上で事故後の日々を過ごした。局所的な怪我だったので、かえって以前よりザウラー家の家庭生活に参加することが増えた。いっしょに食事をしたり、いろいろなテーマを語り合ったりした。国民社会主義のドイツが今後どうなるのかとか、戦争勃発は時間の問題ではないかといった話である。その一方で彼には、時限爆弾を製造するうえで解決しなくてはならない技術上の諸問題に取り組む時間もたっぷり与えられることになった。この点について彼は、取調べの中で次のように述べている。

「採石場で働いた期間は、正確にはその少し前からですが、襲撃計画の準備がかなり進捗《しんちょく》した時期でした。すでに復活祭のときのミュンヘン旅行で柱の寸法を入手していたので、私はまず、純粋に図面上で時限爆弾の構造を明確化することができました。数日間、自分で描いた図面の上に何時間もかがみこんで、爆発力の効果を高めるためには爆弾をどのような形態にしたらいいのか、さんざん考えました。

もちろん、火薬で爆発を起こすことができることはすでに知っていました。採石場で詳しく見ていましたし、爆薬はできるだけ深いところに設置しなくてはならないことも観察していました。爆薬に点火するには起爆装置が必要だということも見て知っていました。私の計画には導火線は使えませんでした。離れた場所に立って導火線に火をつけることはできないからです。それなので起爆装置に点火する別の方法を探さなくてはなりませんでした。銃の内部構造を見たことはありませんが、銃を発射するとスプリングが解放され、薬莢底部に衝撃が加わるということは想像がつきました。

次に考えたのは、銃弾を使って雷管を爆発させることでした。それで私はSさんの自転車に乗って（自分の自転車はとっくに売ってしまっていました）またハイデンハイムに行き、自転車の販売修理、ミシンや銃器、自転車用品、弾薬の販売をしている店に入りました。その店のオーナーの名前は知りません。正確な場所も言えませんが、だいたいどの辺にあったかなら説明できます。アドルフ・ヒトラー通りの横道で、旋盤工の親方Pさんの住む角地からすぐの場所でした。

この店で私はただ『弾薬筒をくれ』と言いました。すると私の接客をした店主と思われる男性(四五歳くらいで小柄で背が低く太っていました)が、口径を聞いてきたのです。それで私はどの口径のものがあるのか訊きました。彼は六ミリから九ミリまでのいくつかの口径を挙げました。私は一番大きなものがいいだろうと考えて、九ミリの弾薬筒が二五個または五〇個詰まったブリキ缶を丸ごと一つ注文しました。いくら支払ったかはもう覚えていません。店主からは狩猟許可証も銃の免許も提示を求められず、どういう目的で使うのかも訊かれませんでした。渡された弾薬筒には長さおよそ一センチのカプセルがついていて、そこに鉛の玉［完全な球体］が載っていました。このときの弾薬購入は六月か七月で、正確な日付はもう覚えていません」

一九三九年七月二二日にゲオルク・エルザーは、医師から就労可能証明書を書いてもらった。しかし彼にとっては採石場に戻らないという選択は以前から決めていたことだった。「それ以来、私は自分の計画のためだけに生きました」。彼は後の尋問の際にそう答えた。

購入した銃の弾薬筒は起爆装置の点火にも使えるのか？　彼はそれを試すために模型を作り、それを古い革袋に隠し、自転車の荷台に積んで、実家の果樹園まで運んだ。

暑い七月の午後のことだった。下のケーニヒスブロンの街に何度か爆発音が響いた。「あれは採石場の発破の音だな」と近所の人たちは言い合った。

ゲオルク・エルザーは爆破予行練習の結果に満足していた。後に彼はこう述懐している。

「私は小さめな木塊に穴を開けてそこに爆薬筒と雷管を詰めたのですが、爆破した後で見てみると、木塊は木っ端微塵になっていました。これにより、導火線を使わなくても、このやり方で雷管に点火できることが証明されました……。この予行練習が立て続けに三、四回成功したことで、ようやく私は満足しました。爆薬筒の力を借りて雷管に着火できるということの証明には、一度の爆発では不十分だったのです」

夜になると彼はシュナイトハイムの地下工房に引きこもった。机の上には無数の図面が置かれ、その隣には自作の模型があった。独特な構造だ。一見すると素人の不細工な工作にも見えるが、その背後には磨き抜かれた精緻なシステムが潜んでいた。

「一枚の板に二つの木のブロックがしっかり固定されています。両ブロックとも、ドリルで同方向に水平な穴が開けられています。これらの穴に木の丸棒が刺し込まれていて、その棒に渦巻きバネが取り付けられています。その渦巻きバネは、一方の側で固定されているブロックに、反対側では第三の小さなブロックに接しており、このブロックも穴に丸棒がゆるく通してあり、固定されている二つのブロックの間を動くことができます。一方の側に釘がついているこの第三のブロックによって、バネを張ることができます。この釘の向かい側、固定されたブロックの一つには、さらに小さな穴があり、その中に銃弾の弾薬筒ケースを、そしてこの弾薬筒ケースの中に雷管を押し込むことができます」

これは、ゲオルク・エルザーが自分の工作物の構造を尋問官たちの目の前でもう一度、図を書いて説明するよう求められたときに話したことを、一人のゲシュタポ隊員が記録した内容である。

その七月の夜、エルザーは何度も繰り返し、自分の考えを図面にして実践的に解決しようと試みた。一番の難題となったのは、どうすれば設定した時刻ちょうどに起爆させることができるかという問題だった。何度も何度も図面を引き直し、ますます新たなバリエーション、精密な構造と洗練されたディテールが生み出された。夜遅くまで机にかじりつき、実用的な解答を見つけたいという野心が彼の眠気を吹き飛ばしてくれた。

「そのために時計のムーブメントを使おうということは、最初から決めていました。家にはいつも、アラームゴングつき置き時計用のムーブメントをいくつか持っていました。私は何年も前から、そういうムーブメントをシュヴァルツヴァルト、フィリンゲン市のB・Ri氏から買っていたのです。そのムーブメントのために、私は暇さえあればいろいろな形の時計ケースを自作しました。ステインを塗り、あるいはマット仕上げや艶出し仕上げにしたケースにムーブメントを組み込み、そうやって完成した置き時計を知人に売ったりプレゼントしたりしました。それから今は社名が思い出せませんが、別のところからも同じ目的でムーブメントを買いました。一九三二年の春にメーアスブルクのR社を辞めたときもこういうムーブメントを四つほどもらって帰りました。R社の給料の支払いが遅滞して、私は給料が払えないのなら少なくとも代わりに製品をくれと要求したんです。そのときにムーブメントを四つか五つ受け取りました。他にも半製品の置き時計ケースを一つと工具類もいくつかもらいましたが、それらは私のその後の行動とはまったく関係ありません。当時私はR社に対して、一七六ライヒスマルクの未払い賃金請求権を持っていました。破産手続きとは別に、Rは和解でこれらの物品を私に譲渡しました。

時計の動きを私が考案した点火メカニズムに伝える方法について、もともと私は最終的に採用したものとは別の形を考えていました。もともと、つまり計画実行のためミュンヘンに行く前は、時計の動きを自動車のウィンカー機構と電池の力で点火装置に連結させようと考えていました。その仕組は、設定した時間になるとストッパーが磁力で外され、それによって点火ピンの付いている鉄製ブロックがバネの力で前に飛び出すというものでした。このために私はミュンヘンに、電池一個とウィンカーを予備の二個分も含めて三個持って行きました」

ミュンヘンに向けて出発する直前、急に彼は発熱を伴う感染性胃炎に罹って、四日間も寝込んでしまった。下宿先の人たち、なかでもマリアが献身的に彼の看病をしてくれた。彼女は、ゲオルクからミュンヘンに発つと聞かされて、ひどく悲しんでいた。彼の話では、ミュンヘンで家具職人として働かないかと打診され、なにしろずっと前からミュンヘンに移りたいと思っていたので断れなかったとのことだった。マリアにもいつかはシュナイトハイムの街を出たいという思いはあった。大都会、それもミュンヘンのような「世界都市」に行けたら、きっと素敵なことでしょう。しかし結局、彼女は勇気が出なかった。生まれ育ったこのアルプ地方にどっしりと根を下ろしていて、居心地もよかったのだ。マリアはゲオルクの決断力に感嘆した。この人はミュンヘンに行って、新しい道を切り開くつもりなのね。

ゲオルク・エルザーはミュンヘンに別の思いを結びつけていた。暗殺はうまくいくだろうか？　誰にも気づかれずに時限爆弾を柱の内部に組み込むことは可能だろうか？

彼は不安に押し潰されそうだった。数日前から余分な図面はすべて焼却し、地下工房の痕跡は可能な限り消しておいた。彼は考えた。ミュンヘンのこと、ビュルガーブロイケラーのこと、そして一一月八日のこと……。

もしかしたらそうした考えが、彼の胃にダメージを与えたのだろうか？　犯行の準備と実行に必要と思われるものすべてを木箱に詰めこみ始めたら、途端に彼は目眩に襲われ、目の前がチカチカし出し、すぐに熱も出たのだ。シュナイトハイムを発つ前日になってようやく、木製トランクの秘密のポケットと二重底に資材一式を詰める時間ができた。道具類を入れた木箱がもう二つあったが、それは家の人たちがミュンヘンの彼の新住所に送ってくれる手筈となっていた。

忘れているものは何もないか？　彼は出発前夜にもう一度、ミュンヘンに運ぶ品物や機器のリストを確認した。

圧縮した板状黒色火薬　二五〇枚
爆薬筒　一五〇本
雷管　一〇〇個超

時計のムーブメント　五個
電池　一個
その他、数本のハンマー、ノミ、ペンチ、手動ドリルおよびさまざまな木工具

八月五日、ついにそのときが来た。列車に乗り込んだゲオルク・エルザーは木製トランクを慎重に網棚に載せ、もう一つのトランクをその上に置いた。そちらには衣服や下着、日用品の類が入っていた。

彼は列車の窓を開け、身を乗り出した。「じゃあ、元気で！　今度手紙を書きます。改めて、いろいろありがとう」

列車は徐に動き出した。プラットフォームにはマリアが一人佇み、目に涙を浮かべていた。マリアの姿が見えなくなるまで、ゲオルクは大きく開けた窓から手を振っていた。彼女は彼の言葉少なな別れの挨拶に、控えめな身振りで応えた。彼は思いを断つかのように窓を閉めた。

彼の眼差しは過ぎ行く窓外の景色に向けられていた。永遠の別れになるのだろうか？　もう後戻りはできない、それは分かっていた。

第11章 夜毎、ホールにて

ビュルガーブロイホールは薄闇に包まれていた。非常灯の乏しい明かりが物の輪郭をぼんやりと示している。気の抜けたビールと紫煙と埃の臭い。鼻を突く強烈な組み合わせだ。エルニ・マーゲルルは、毎晩その時間にするように、「ブロイシュティーベルル」の調理場から通路を通り、二階席の下でホールに繋がっている幅広の木製ドアの一つに向かって歩いていた。彼女の懐中電灯の明かりがホールに住み着いた猫たちに合図を送った。腹を空かせた猫たちがあちこちから飛んできて、皿のまわりを取り囲み、調理場の残飯をガツガツと掻き込んだ。エルニ・マーゲルルがビュルガーブロイで煙草売りとして働き始めてから一〇年以上が経っている。毎晩、自分の勤務時間が終わる寸前に「ザールカッツル（ホール猫ちゃん）」たちに餌をあげる役目を引き受けてから、やはり同じくらいの年月が経っていた。彼女はそれをするのが好きだった。今では猫たちとまるで家族のような関係を築いていて、その内の何匹かには名前までつけていた。仔猫が生まれると可愛がってくれそうな飼い主を探してあげて、このホールの規模に対してホール猫の数が適正な範囲内に収まるよう配慮した。

夜の一〇時半を過ぎた頃、耳慣れない音にマーゲルルは驚かされた。二階席から？　誰かそこにいるの？　しばらく動きを止めて夜の静寂《しじま》に耳を澄ませた。

酔っ払いかな？　急ぎ足で彼女はドアに向かい、支配人を呼びに行った。「大したことじゃない」。クサーヴァー・ハルトグルーバーはそう言って女性従業員を安心させた。もうじき五〇歳になるずんぐりむっくりの彼はずっと前から、冗談好きな給仕人たちに陰で「ビュルガーブロイの備品」と呼ばれていた。クサーヴァー・ハルトグルーバーは自分がビュルガーブロイケラーの支配人であることを「職業上の名誉」と感じていた。自身党員であった彼は、毎年「自分の」ホールで「古参闘士たち」が集会を開くことが誇らしかった。彼は聞かれもしないのに、だれかれ構わず、目を輝かせて「偉大な瞬間」を語った。あるとき、集会が終わった後で総統が握手をしてくれたのだ。自宅リビングの戸棚にはそのときの写真を飾っているという。ハルトグルーバーは根っからの、国粋主義的な心性を持つ、つまり「ドイツ的」な支配人だったのだ。

彼が二階席に足を踏み入れたのは夜の一一時頃だった。懐中電灯の明かりがホール後部に沿って照らしていったが、何も見つからなかった。上のここに不審な点はない、妙な音もしない。そもそも何の音も聞こえなかった。首を振りながらクサーヴァー・ハルトグルーバーは二階席を後にして奥の階段を降りた。毎晩この時間になると、彼がホールにつながるすべてのドアを閉める慣わしだった。

ゲオルク・エルザーは安堵の吐息を洩らした。心臓が早鐘を打っていた。彼は三〇分以上も潜んでいた暗い部屋から、ゆっくり、手探りで出ようとした。そこは空の段ボール箱で埋め尽くされた物置で、入り口はスペイン壁一枚で二階席から隠されていた。彼はすぐにまた立ち止まり、本当にホール内に誰も残っていないか確認するために、耳を澄ませた。そしてようやく忍び足で隠れ場所から出てきた。

柱まではわずか数歩だった。彼は柱の脚部の前に跪き、羽目板の一部をそっと外した。三晩続けて明け方まで懐中電灯の明かりで作業をしていた場所は人目につかない構造だったので、作業を進めるのに都合がよかった。この晩、彼は柱の中を刳り抜く工程を開始しようと考えた。きつく忍耐の要る作業だ。石工の使う鑿《のみ》を慎重に当てがう。モルタルが一センチ、また一センチ、難なく剝がれていった。彼は作業の全工程のタイムテーブルを作成していた。これから気の遠くなるほど多くの夜が必要であることを、自覚していたのだ。

彼がミュンヘンに到着したのは一週間前のことだった。到着後すぐにトランクと一緒に荷運び人の車でブルーメン通りまで乗せてもらい、そこのバウマン家に間借りした。数週間前にシュナイトハイムから出した「ミュンヒェナー・ツァイトゥング」紙の三行広告を見た彼らからエルザーにオファーがあったのだ。三階の部屋はけっして安くはなかった。月々、三五ライヒスマルクの家賃に加えて朝食代が二〇ライヒスマルクもかかったのだ。それでも彼は受け入れた。時間がない、とにかくミュンヘンに出なくてはならなかった。自分の下した決断が彼に実行を迫っていた。

バウマン家は人好きのする親しみやすい人たちで、押し付けがましいところが少しもなかった。「ミュンヘンで何をしているんですか?」と間借り人に尋ねたのは、彼が到着して二日も経ってからのことだった。そのときゲオルク・エルザーは相手にこう答えた。「研磨加工の講習を受けにきました、自分の家具職人としての仕事にもプラスになると思って」

ゲオルク・エルザーが最初の数日は食事時にしか部屋を出ず、よく夜中に外出していることに一家は気づいたが、どうやらそこに何の疑いも抱かなかったようだ。

「私は一家に訊かれたとき、『実は発明に取り組んでいて、それで夜は外のベンチに座ってあれこれ考え事をしているんです』と答えました。バウマン家の人たちは、何の発明かということには関心がなさそうで、それ以上質問されることはありませんでした」

後にエルザーは賃貸人についてそう語っている。

彼の毎日は計画通りに進んだ。外で朝食を取った後、部屋に戻ってスケッチや図面書きを繰り返した。それは詳細を詰め切れていない時限爆弾のためのものだった。午後はバウマン夫人の買い物に付き合ったり、深夜の辛い作業のためにソファで休んだりした。午後七時頃になるとブルーメン通りの部屋を出て、ビュルガーブロイケラーに向かった。

「夜にビュルガーブロイケラーで作業をする日には、毎回午後八時から一〇時の間にビュルガーブロイケラーの食堂で夕食を取りました。いつも中央の席に座り、アラカルトで注文して、ビールは一杯だけ……。一〇時頃には必ず会計を済ませました。食堂を出ると、クロークを通って、鍵のかかっていないホールに入りました。最初の頃はホールに非常灯がついていましたが、後になると、つまり開戦後は、すべて消灯してありました。その頃、そこは調理室とクロークから漏れてくる明かりだけでした。客が帰りホールが閉鎖されるまで、さきほどの隠れ場所で身を潜めていました」

エルザーは後に、ミュンヘンに到着して四日目の晩にはもう作業を開始した、と尋問に答えている。

「まず私は柱の羽目板の幅木についている丸い棒のようなものを慎重に取り外し、次に羽目板上部の廻り縁《ぶち》を外しました。つまり幅木に乗せるような形で羽目板と一体化していた丸い棒を切り取らねばなりませんでした。上の廻り縁はただの板だったので簡単に取り外すことができました。これにより柱の羽目板の一部をノコギリで切り取ることができ、廻り縁を再び取り付けた後にノコギリの切り口が見えなくすることができました。この切った板を扉に加工して、柱の角に当たる部分の上下にそれぞれ蝶番《ちようつがい》をつけ、扉が開閉できるようにしました。この扉の反対側の長辺は丸棒が取り付けられているもともとの継ぎ目とぴったり重なるので目立ちませんでした。この扉の内側に私はラッチ［掛け金］を取り付けました。このラッチは廻り縁や丸棒をいちいち取り外さずに、薄いナイフの刃先をもともとの縦の継ぎ目に差し込んで外すことができました。もちろん、ラッチを外から動かせるようにするためには、いわゆるタングと呼ばれる部分、つまり解体した板の丸棒の下部で隣の板に突き出た部分を切り落とす必要がありました。

扉の製作には三晩ほどかかりました。でもこれにより、ドアを開ければ直ちに作業に取り掛かることができ、作業終了後は扉を閉めるだけで、柱内部の様子を完全に隠すことができました。

誰かが昼間にじっくり観察したとしても、柱の異状に気づくことはなかったでしょう。私が作業した場所はテーブルや椅子がすぐそばにありましたが、作業の邪魔にはなりませんでした」

次にゲオルク・エルザーは、柱の内部のレンガを一個一個取り除くために横の目地を剝がす作業に取り掛かった。手間のかかる工程で、作業はなかなか捗らなかったが、それはなるべく音が出ないよう、細心の注意を払わなければならなかったからだ。

「柱内部のレンガを取り出すには、レンガの硬いモルタル目地に手回しドリルと石工用のチゼルドリルで連続して穴を開け、残ったモルタルを鑿で削り、それから長めの鑿を使ってレンガを一個ずつ外していくほかありませんでした。モルタルにはかなり大きな砂利も混じっていて、ドリルの刃が当たるたびに派手な音が出てしまうので、私は少しでも音を和らげるためにドリル後部に布を巻き、作業中はそれをしっかりレンガに押し付けていました。音をなんとか抑えようとしたのは、ごく弱い音でも夜の人気のないホールではかなり大きく反響するからです。作業は細心の注意を払わなくてはならず、そのため作業時間がかなり長くなってしまいました。鑿を振るうときもドリルを使うときも、毎回できる限り音を立てないように注意していました」

その際に彼の助けとなったのが、ビュルガーブロイケラーのトイレの便器が一〇分おきに自動洗浄される仕様になっていたことだった。彼は水洗装置が沈黙を破る数秒間を利用して、鑿を何度か力強く打ち込んだ。跪いた姿勢で、次第に大きくなっていく空洞を両手で何度も確かめる。懐中電灯をハンカチで覆ってさらに弱くした光のもとで、作業は何時間も続いた。

彼は掘削作業で出た破片やドリルの切粉、砂利などをタオルで作った手製の袋に集め、柱の開口部にワイヤーリングで吊るしておいた。「袋は比較的小さかったので、一杯になると中身を段ボール箱に空けました。その箱にはやはり段ボール製の蓋がついていて閉めることができました。この箱を私は同じ二階席の、いつも自分が身を潜めていた場所に他の箱と並べて置いておきました」

その夜、ゲオルク・エルザーは夜中の二時半まで作業をして、工具を柱の開口部に仕舞い、羽目板を閉め、袋の周りに落ちていた石屑や切粉をきれいに拭き取った。そして隠れ場所に行き、作業の間、普段着の上に穿いていた青い作業ズボンを脱ぎ、それを部屋の隅に片付けた。疲労のあまり目が開けていられない。そのまま床で何時間か眠ろうとしたが、うまくいかなかった。それで朝を待った。いつものように七時から八時の間にホールの扉が開けられた。そこで彼はクロークまたは裏口からホールを出た。彼は家に着くや、疲れ果てていたので、自室に戻ってすぐ眠りに落ちた。

午後になって、彼は褐色の小型トランクを抱えてアパートを出た。ビュルガーブロイまで歩く。裏口から隠れ場所に行こうとした。その間に溜まった壁の削り屑を目立たぬように運び出すためだった。今回も邪魔されることなくホールに入ることができた。数分後、彼は中身の詰まったトランクを持ってビュルガーブロイを後にして、公衆浴場の裏手の公園施設に降りて行き、そこでイーザルの河原に削り屑をぶちまけた。彼はこれからもこの方法で削り屑をホールから運び出すことにした。

それからブルーメン通りのアパートに戻った。彼にはやることがあった。

「夜はビュルガーブロイケラーのホールで作業を続ける一方で、昼間は私の装置の詳細な最終設計とその製作に没頭していました」

それは複雑な構造で、内蔵された二個の時計が、あらかじめ設定された時点に三つの爆薬を一気に爆発させるというものだった。彼は図面をためつすがめつ眺めて細部を却下し、改良し、検証した。最終的に彼の時限爆弾は完璧なものとなり、後にゲシュタポですら、その性能に舌を巻くほどだった。

エルザーは何一つ偶然に任せはせず、すべてを考え抜いた。彼の綿密さの例をもう一つ挙げよう。彼がビュルガーブロイで作業していた期間に、ホールで何度かダンスイベントが開催され、そのためにホールが飾り立てられることが多かった。誰かが羽目板に釘を打ちつけて裏の空洞部に気づく恐れがあったので、彼は柱に作った扉の内側に二ミリ厚のブリキ板を張った。これで羽目板を叩いてみたとしても、誰一人空洞に気づくことはできなかっただろう。

細心の注意を払ってはいたが、あるとき彼はとうとう一人の男に不意を突かれてしまった。ちょうど隠れ場所を出た瞬間だった。

「この男は私が隠れていた部屋に段ボール箱を取りに来て、私に気づきました。男は箱を抱えると私に声をかけずに去っていきましたが、そのあとすぐに支配人を連れて二階席に戻ってきました。男は左から、支配人は右からやって来ました。それまでに私は隠れ場所を出て二階席東側のテーブルに座って、手紙を書いているふりをしました。支配人に訊かれたので、私は『片方の太腿に腫れ物があるので、ちょっと押してみようとしていたんです』と答えました。奥の部屋で何をしていたのかとも訊かれ、私は彼に、その腫れ物の状態をそこで見てみようとしたのだと説明しました。今はフィッシュという男に手紙を書こうとしていた、とも言いました。支配人からはただ、二階席で何か探しているわけではないのなら、手紙は庭で書いてくれと言われました。それで私はビュルガーブロイケラーの庭に出て、疑われないよう、そこでコーヒーを飲みました。この支配人は一九三九年のイースターの際にも、店で話したことのある人でした」

しかし支配人はゲオルク・エルザーの顔を覚えておらず、目の前の男のことで店のボーイに向かって「言われたことだけしていろ、人事に口を挟むな」と警告したことも忘れているようだった。あれはゲオルク・エルザーがボーイとして雇ってもらおうとしたときのことだった。その後、そのボーイからは何の音沙汰もなかった。

バウマン家に間借りした部屋に戻ったゲオルク・エルザーは、こうした間の悪い、いや彼の計画にとってきわめて深刻な突発事をなんとかやり過ごすことができて胸を撫で下ろした。とはいえ八月末にはバウマン家での間借りの解約を申し出た。そして九月一日の金曜日、彼はシュヴァービング地区テュルケン通り九四番地のレーマン家の部屋に移った。

「私は一九三九年八月末に『ミュンヘン最新日報』紙上に載せてもらった広告を通じてこの部

屋を知りました。そのときL家の人たちとはB家のときと同様、まったく面識がありませんでした。そこの部屋は狭かったのですが、朝食なしで一七・五〇ライヒスマルクも払わなくてはなりませんでした。ここでも私は自分の本当の個人情報で警察に登録しました。L家に訊かれたときも、自分の出身と職業を答え、発明に取り組んでいて、そのためにここミュンヘンに来たと言いました。発明の詳細はここでも明かしませんでした。新しい住まいでも昼間はほとんどの時間を部屋で過ごしました。以前と同様、私がこの部屋を出るのは、昼食と夕食のときと夜半にビュルガーブロイケラーで例の作業をするときだけでした。ときどきB家にも顔を出して、薪割りをしてあげました。そのお返しに昼食と夕食をご馳走してもらい、チップもいくらか受け取りました。引越しは貨物運搬人に依頼しましたが、今回は以前と同じ人ではありませんでした。木製スーツケースにはつねに鍵をかけて、誰にも覗かれないようにしていました。レーマン家でも木製トランクはずっと鍵をかけていたので、誰にも中身を見られることはありませんでした」

ゲオルク・エルザーがレーマン家に入居した当日、ベルリンの国会議事堂では朝一〇時から会議が開かれていた。その席上、軍服姿のヒトラーが、宣戦布告なしに行われたポーランド攻撃を正当化したのだ。

ヒトラーはドイツの全ラジオ局で放送されたこの演説で、「戦争」という語の使用を避けた。ポーランド侵攻の目的は、もっぱらダンツィヒ問題を解決し、「ポーランド回廊」を通行可能とすることだとした。ヒトラーはポーランドへの攻撃を、ポーランド兵によるグライヴィッツの放送局襲撃によって正当化したが、この襲撃は実はポーランド軍の制服を着たＳＤ（親衛隊保安部）隊員らによって捏造されたものだった。

その日の午前、シュヴァービング、テュルケン通りのレーマン家でも、国民受信機から総統の大音《だいおん》声《じょう》が轟きわたっていた。


「ドイツの国会議員およびその他の諸賢に告ぐ。我々は皆、数か月前からある問題に苦しめられている。それはかつてヴェルサイユ命令〔ヴェルサイユ条約の一方性を糾弾するプロパガンダ用語〕が我々にもたらしたものであるが、今やその退化と変質は耐え難いレベルに至った。ダンツィヒは昔も今もドイツの街であり、回廊は昔も今もドイツのものである……。

それゆえ私は決断した。数か月来ポーランドが我々に対して用いた言葉と同じ言葉でポーランドと語ることを……。

ポーランドは今夕、初めて我々の領土内で正規の兵士をも動員して銃撃を行った。五時四五分をもって我々は今、反撃に打って出た」


これはヒトラーの嘘だったが、ドイツ国民は「ジーク・ハイル」の大歓声をあげた。これは戦争だと言う者はほとんどいなかったし、ポーランドへの侵攻だとみなす者はさらに少なかった。これは単なる「国家の積極防衛」にすぎない。国防軍の報告書はこの攻撃をそう説明した。プロパガンダ省も「『戦争』という表現を見出しに使わないこと」との指示を出した。社会の強制的同一化の波に飲み込まれていたメディアは、政府の方針に嬉々として従った。

この日、ゲオルク・エルザーは新しい部屋で荷解きに忙しかった。彼の大きな木製トランクは開けずにそのままベッドの下に押し込んだ。このトランクにはいくつかの時計のムーブメント、振り子時計の錘《おもり》、薬莢と並んで、少しずつ集めた圧搾爆薬や雷管、カートリッジ(弾薬筒)、各種ケーブルやネジが収められ、その下の二重底部分には時限爆弾の最終的な詳細図面が隠されていた。このトランクの鍵は肌身離さず持ち歩いた。彼は住まいを移ることができて嬉しかった。ここなら工作用のスペースが広かったし、バウマン家の部屋のように高価な家具に気をつかう必要もなかった。この部屋の調度は簡素かつ実用的だったが、彼の計画には十分だった。しかも賃料がブルーメン通りのときの半額だった。

ゲオルク・エルザーは狭いベッドに身を横たえ、大きな窓から中庭を眺めた。わずかしか聴き取れなかったが、ヒトラーの演説が頭の中を駆け巡っていた。ポーランドへの侵攻? これは始まりにすぎない。これは戦争だ。この瞬間、彼は暗殺の必要性をかつてないほど強く確信した。成功させなくてはならない。それが、この交戦的な指導部を排除する唯一の方法であり、戦争を阻止する唯一の道なのだ。

その数日後に早くも彼の予想は裏付けられた。九月三日、ロベール・クーロンドル駐独大使がフランスの宣戦布告書を外務大臣ヨアヒム・フォン・リッベントロップに手渡したのだ。これをもってフランスはドイツ国と戦争状態に突入した。これに先立ちベルリンでは英国政府の覚書きが手渡されていた。そこには、ドイツが部隊をただちにポーランド領内から撤退させる用意がない場合には、英国はポーランドに対する自国の義務を果たさざるを得ないという警告が記されていた。

ポーランド侵攻と英仏両国からの宣戦布告はドイツの日常を一変させた。早くも九月一日からは完全な灯火管制が敷かれ、空襲警報が出た場合には住民は防空壕に避難するよう、呼びかけられた。都市部にはまだ一発の爆弾も投下されていなかった。飛行機から落とされたのはまだ英仏のプロパガンダ用のビラだけだった。

九月に入ると、敵国のラジオ放送を聞く者は投獄されたり死刑に処せられたりする恐れが出てきた。敵が発する言葉はいずれも「ドイツ民族に害をなすこと」を意図していると、ナチス指導部が勘繰っていたからだ。とりわけ政治的、人種的な迫害を受けていた人々にとって、戦争勃発は新たな、それまで以上に強力な弾圧を意味した。ユダヤ人は、夏場は午後九時以降、冬場は同八時以降の夜間外出禁止令を守らされることになった。数多くの労働組合員、社会民主主義者、共産主義者が「国家の敵」として逮捕された。公の場でドイツの勝利を疑う発言をした者は、保安警察および親衛隊保安部（SD）の長官ラインハルト・ハイドリヒの命により、「粛清」される恐れがあった。しかしこれは国民社会主義者たちの杞憂に過ぎなかった。ドイツ国民の大多数はなおも歓呼の声を上げていたし、腕を斜め上に伸ばしてナチス式敬礼をしていた。なおも「一つの民族、一つの国家、一人の総統」のプロパガンダが生きていたのだ。

その頃ゲオルク・エルザーは夜毎、柱の空洞部を広げる作業を進めていた。時限爆弾の最終作業を完了すべく、それがぴったりと収まる寸法にするためだった。そのためには職人たちの助けも必要だった。発明に取り組んでいることを口実にして、彼らにちょっとした作業を依頼したり、資材を買ったりした。エルザーは近くの家具工房で作業場を借りて時限爆弾の筐体《きょうたい》を作らせてもらい、そこの親方カール・ブレーガーと親交を深めた。エルザーは後にこう語っている。

「当然ですがしばらくすると親方から、いったい何を作っているのか、いろんな部品は何のために必要なんだと訊かれることが多くなりました。私は毎回、これは発明なんですと言って誤魔化しました。さらに訊かれると、当面の間は秘密なんですと言いました。後日また親方から『目覚まし時計だろ？ 朝、起こすときに同時に明かりもつくような？』と言われたので、私は『まあ、そんなもんです』と答えておきました」

ゲオルク・エルザーは家主のレーマン夫婦との接触を必要最小限にとどめていた。しばらくすると彼らも間借り人のやや風変わりな習慣にも慣れた。例えばいつも部屋に鍵をかけていることとか、夜いつも家にいないといったことだ。「うちの無口な間借り人が取り組んでいるのは、きっと一風変わった『発明』に違いない。でもひょっとするとこいつは発明家なんかじゃなくて、ただ頭のネジが外れているだけかもな」。壁紙職人で実務思考のレーマン氏が言うと、彼の妻が答える。「だけどいつもきちんと家賃を払ってくれるし、優しくてよく手伝ってくれるわよ」。そしてともに首を振る。夫婦がこのゲオルク・エルザーの正体を掴むことはなかった……。

一〇月初め。彼は右膝がひどく腫れて膿んでしまい、数日寝込んでしまった。レーマン夫人が看病してくれたが、エルザーは「病気のせいで発明の準備作業のスケジュールが狂った」と嘆いた。「かなり神経質になっていたわ」と彼女は夫に報告した。その月の半ばにエルザーは、田舎に戻りたいのでと言って、一一月一日付で部屋の解約を申し出た。レーマン夫妻は、これはきっと例の「発明」と関係があって、もしかするとあの間借り人は完成できなかったのかもと考えた。リーマン氏は「無理を重ねたもんだから、もう金が尽きたのさ」と嘲るように言った。

一〇月二八日、土曜日のことだった。その日の午後、ゲオルク・エルザーは自室のベッドに横たわり、エルザのことを考えていた。ミュンヘンから彼女に手紙を書いたのは二回だけで、わずか数行の当たり障りのない内容だった。彼女からの手紙に彼は返事を書かなかった。二人には共通の未来がないことをエルザーは自覚していたのだ。彼は暗殺とそのために不可欠な最終作業を目前にしていたのだ。そこにエルザの入る余地はなかった。だがそもそもそこに誰かが入る余地など、あったのだろうか?

親友オイゲンとも連絡が途絶えていた。七月に彼はオイゲンとケーニヒスブロンで会ったが、それが最後だった。そのときは彼の奥さんもいっしょで、ミュンヘンに行くというエルザーの計画について三人で語り合った。政治やナチス、そして党指導部についても少し話した。「指導部は排除しなくてはならない」。エルザーがつい口を滑らせ、オイゲンは驚いた表情で相手の顔を見つめた。このとき以来、二人は会っていなかった。九月に一度、彼はオイゲンに自分のミュンヘンの住所を書いた手紙を送り、それを実家の父親に転送して欲しいと頼んだ。母親か弟のレオンハルトに住所を知られる恐れがあったので、直接家には送りたくなかったのだ。
ここ数年、父親との間で厄介な、しばしば屈辱的な経験を繰り返してきた彼だったが、家の相続をめぐる争い以来、父親に対して親近感を抱くようになっていた。父が家を出ることになったとき、味方になったのはゲオルクだった。母親や弟のレオンハルトとは一切の連絡を絶っていた。彼が唯一連絡をとっていたのが、夫と幼い息子の三人でシュトゥットガルトに住んでいた妹マリアだった。ほんの数日前、彼は妹に短い手紙を書いた。

「親愛なるマリア、カール、そしてかわいいフランツレ!
みんな元気ですか? たぶん一一月の初めに顔を見せたいと考えています。もし以下の品々を使ってくれるのなら、連絡をください。スーツ、シャツ、靴下、セーター、カメラ、靴二足、家具職人用の工具類、それから帽子三つ。使ってくれる気があるのなら、早めの返信を!
心からの挨拶を添えて
ゲオルクより」

数日すると、早くも妹から返事が届いた。「兄さんの手紙に驚きました。あの手紙は私には理解できません。今度訪ねてきてくれるのは嬉しいのですが。兄さんが書いてきた品々はどれもこれも今のご時世では必要なものです」。そう書いた妹は驚いて質問してきた。「兄さんは軍隊に入るのですか、それとも外国にでも渡るつもり?」

「外国か……」。ゲオルク・エルザーは手紙に目を通しながら、思った。「それはまだ先の話だ。暗殺を成功させるのが先決で、逃げるのはその後だ」

日暮れ時となった。彼は寂しさを感じていた。異郷の街で一人として知る者もなく暮らしていたのだ。周りから孤立して暗殺の準備を粛々と進める彼には、精神的な負担を相談できる相手が一人もいなかった。彼は一人ぼっちだった。先週は教会の礼拝に参加したが、それもずいぶん久しぶりだった。

「その年は教会に行く回数がだいぶ増えました。年初めから三〇回ほどは通っています。ちょうどいいプロテスタント教会がない場合には、平日にカトリック教会に行って、主の祈りを捧げることも最近はよくあります。プロテスタント教会とカトリック教会のどちらでやるかは重要ではないと私は思います。私が頻繁に教会に通って、頻繁に祈ったことは、私の心を占めていた例のことと関係していたんだと自覚しています。あれを準備したり、そもそも計画したりしていなかったら、そんなに何度も祈ることはなかったでしょうから。実際、いつも祈りの後ではいくらか気持ちが楽になりました」

幼時から培われた敬虔さが、計画実行の力を汲み出すことを彼に可能にした。いやそうではない。彼は宗教的な人間ではなかったが、その世界観はキリスト教信仰によって強く刻印されていた。

「私は全世界と人間の生命が神によって創造されたということを信じています。そして世の中に神が与り知らないまま起きることはないとも思います。人間はたぶん自由に行動することができるでしょうが、神はいつでも好きなときに介入できるんです」

しかし神はこの間、介入もせず、無為に留まり、戦争をあっさり終わらせることもなく、独裁政権と残忍な不正国家を甘んじて受け入れた。そのことがゲオルク・エルザーを対決へと向かわせたのだ。彼の宗教的な価値観は、社会的、政治的な現実とぶつかって、砕けた。抵抗する権利はないのだろうか？　ヒトラーのごとき暴君を殺害する義務はないのだろうか？

彼は自らの迷いを捨て去った。

「もし誰かから、お前は自分がした行為をプロテスタントの教義が説く罪悪と考えるのかと問われたら、私は『より深い意味で、それは違う！』と言いたいのです。私は死後の魂の存在を信じています。そしてもしも機会が私に与えられ、これからの人生を通じて、実は自分は善きことを望んだのだと証明できたなら、私はいつか天国に迎えられるだろうと確信してもいます。実際に私は自分の行為を通じて、さらなる大量の流血を阻止したいと考えたのですから」

後に彼はそう語っている。それにもかかわらず彼の言葉から読み取れるのは、ひょっとすると無辜《むこ》の人々を巻き添えにしてしまうかもしれないと考えて、彼が長い間苦しんだということである。爆弾は的を過《あやま》たずにヒトラー、そして指導部を滅ぼしてくれるだろうか？

エルザーがビュルガーブロイに向かったとき、もう辺りは暗くなっていた。八時半ごろに彼は「ブロイシュティーベルル」に入店し、いつもの晩と同じく夕食を注文した。一〇時半近くになると席を立ち、クロークを通ってホールに入った。彼はまっすぐ二階席に向かった。その晩、柱に穿った空洞部分の最終作業を行うためだった。

これに先立つ夜々、彼は明け方まで柱の掘削作業をしていた。負傷した膝のために失った時間を取り戻さなくてはならなかったのだ。膝は今でも痛かった。しゃがんだり跪いたりを交互に繰り返しながら、彼は柱から最後の石屑を取り除いた。大きな音の出る鑿打ち作業がとうに終わっていたことが嬉しかった。というのも、戦争が始まってからは「旧ミュンヘンホール」という階下の小ホールに防空隊員が配置されていたため、それまで以上に音に気をつけ、目立たないように作業を進める必要があったからだ。しかし最終段階の作業はもう問題ではない。あとは時限爆弾を埋め込むだけだった。

朝六時半。彼は隠れ場所を出るといつものように裏の出口を通ってケラー通り方面に向かった。濃紺のウーステッド（梳毛）ウールのスーツに黒のローシューズ、暗褐色のプルオーバーを着た小柄な男性は誰の目にも止まらなかった。

「私はホールを後にするとき、少しでも怪しまれたりしないように、特別な用心をしている素振りをいっさい見せませんでした。ホールへの出入りはいつもルールを守り、違法に侵入したことは一度もありませんでした」

エルザーは後に訊かれて、そう説明した。

一一月初めての水曜日にゲオルク・エルザーはレーマン夫妻に別れを告げた。まとめた荷物はカール・ブレーガーの工房に預かってもらった。彼の家具工房はティルケン通りのわずか数軒先の裏屋〔通りに面していない家屋〕にあった。残りの家財、つまりトランク三個と下着類や工具が詰まった木箱は中央駅に運んだ。妹のマリアが暮らすシュトゥットガルトに送るためだった。ゲオルクはスイスへの逃亡前に妹の家を訪《おとな》うつもりだったのだ。

その晩にゲオルク・エルザーは、決め手となる最終準備に取り掛かった。

「まず私はすべてを組み立て、時計を含む個々のパーツが有効に機能するかどうか何度も点検しました。もちろん激発ピンと雷管、そして爆薬をセットする前です。そのうえで私は晩に自室で爆薬ケースに爆薬、つまり黒色火薬のみを充塡し、蓋をネジで固定し、穴に雷管を挿入し、この爆薬ケースと点火装置を小型トランクに詰め込み、それをビュルガーブロイのホールに運びました……。

ビュルガーブロイケラーのホール二階席で私はいつものように、青いハンカチで周りを覆った懐中電灯の明かりのもと、自分で柱の内部に穿った空洞部分の扉を開けました。私はその空洞の奥の隅に、すでに自室で鉄の弾帯を巻いておいた弾殻《だんかく》を収めました。やはり家でこの榴弾殻に装塡済みの時計の錘《おもり》の一つをすでに固定しておいたので、第二の炸弾容器が榴弾殻の上に乗る形になっていました」

翌日の夜、彼は容器に弾薬を詰め、残りの黒色火薬と爆薬筒も空洞に収めた。このときも彼は誰にも見られなかった。

一一月三日の晩、ついに彼は時計を包装紙で包み、慎重に紐で縛り、歩いてビュルガーブロイケラーに向かった。しかしそこで予期せぬ事態が起きた。ホールの扉がどういうわけか、施錠されていたのだ。さてどこに行ったものか？　家具工房の倉庫で夜を明かそうにも、夜間は親方のカール・ブレーガーが通路を封鎖してしまうので不可能だった。ゲオルク・エルザーに残されていたのは一つしかなかった。ビュルガーブロイケラーの庭だ。彼はそこのビア樽が保管されているところで寝た。柱の空洞に時計を取り付ける作業に入ることができたのは、翌一一月四日になってからだった。

「私は土曜日のこの晩、ホールでダンスイベントがあることを知り、ローゼンハイマー通りからビュルガーブロイケラーに向かいました。入場券を買ってホールに入り、二階席に上がって、持ってきた時計を例の隠れ場所に置きました。私は二階の楽団員の近くの席に座り、そこからダンスパーティーを見下ろしました。相席の客はいませんでした。ダンスパーティーが終わったのが一一月五日の深夜一時頃で、それから私は席を立ち、隠れ場所にこもって、ホールが空になり鍵がかけられるのを待ちました。三〇分ほど待つと、もう誰もホールに残っていないことを確認しました。それで柱の中に時計を取り付けようと思いましたが、時計ケースを取り付けるスペースが狭すぎることに気づきました。そこをさらに広げてみましたが、それでもケースは収まりませんでした。仕方なく扉を閉め、時計をまた包み、隠れ場所に戻って日の出を待ちました。早朝、調理場の横の非常口が開けられるのを待ち、そこからホールを出ました。
　私は醸造施設を通ってケラー通りに出、そこからブレーガー親方の倉庫に向かいました。そこで私は時計ケースの後ろの角になっている箇所をノコギリや鉋を使って丸めました。私の見積もりでは、これで時計ケースはビュルガーブロイケラーの柱の空洞箇所の所定の位置にぴったり収まるはずでした」

この突発事で予定していた計画の進行が危ぶまれることはなかった。早くも翌晩に彼は包んだ時計ケースを持ってまたビュルガーブロイに出かけた。前夜と同様にホールではダンスパーティーが開催されていた。今度もエルザーは入場券を買い求め、二階席に向かった。

「この夜のダンスパーティーは日付が変わる頃にはもう終わっていました。私は一時間ほどして、隠れ場所から時計を持って柱まで行きました。扉を開け、時計ケースを空洞の手前部分に入れてみると、今度はぴったり収まりました。私はこのケースを、すでに説明した通り、帯状のブリキで固定しました。続いてこれももう言いましたが、両端を軽くクランプしておいたワイヤーロープを押さえボルトのハトメに差し込み、自由端《じゆうたん》をねじって固定しました。これでワイヤーロープが軽く締め付けられた状態になりました。最後に私は、当然ながら輸送中に止まってしまっていた二つの時計を再び動かし、時計の針を懐中時計に合わせてセットし直す必要がありました。そのために、用心して開閉式にしておいた時計ケースの前面部を開け、時刻合わせが完了した後でまた閉め、それからは刻々と時を刻む二つの時計にすべてを委ねました」

作業が終わったのは朝の六時だった。ついにやり遂げたのだ！　柱から煉瓦を取り出す作業を開始してから三か月が経っていた。彼がビュルガーブロイケラーの二階席で過ごした夜は三〇夜を超えた。いつも一人きり、いつも暗闇の中での作業だった。そしていつも見つかる危険に晒されていた。それがようやく目標を達成できたのだ！

彼が調理場の脇の非常口からホールを出るのはこの朝が最後だった。潮が引くように彼から精神的なプレッシャーが消えた。少なくとも数分の間だけは。満ち足りた心でイーザートーア広場まで歩き、そこのキオスクで一杯のコーヒーを飲む。今から時が流れ出す。ナチスドイツを震撼させることになる爆弾が今から時を刻むのだ。この思いが頭をよぎる。彼はコーヒーを一気に飲み干した。

同じ日のうちにゲオルク・エルザーはミュンヘンを発った。一〇時少し前に彼はウルム行きの旅客列車に乗り込み、そこからさらにシュトゥットガルトに向かった。褐色のトランクと小包二つ。それが彼の荷物だった。

彼はずっしり重いコートを脱ぎ、網棚に乗せたトランクの上にそっと置いてから席についた。ほどなくして列車が動き始める。ゲオルクは妹のマリアのことを思っていた。最後に会ったのはいつだっただろう？　四年前に妹はカールと結婚した。あのときゲオルクは結婚式の後で部屋の調度類を揃えたり家具を設置したりして新婚夫婦を手伝った。柱時計は輸送中にゴングのハンマー部分が折れていたので、彼が修理してあげた。その次は一月だった。正確な日付は思い出せないが、それが最後にマリアとカールに会ったときだった。ゲオルクが連絡もせずにひょっこり現れたので二人とも驚いていた。それは週末だった。彼は列車でまずエスリンゲンに向かい、そこで仕事を見つけていたエルザと会った。彼は彼女にミュンヘン行きの計画を打ち明けた。エルザからは、なぜよりによってミュンヘンなのかと何度も訊かれた。きれいな街だからね、とゲオルクは嘘を言った。駅近くの宿屋で二人は一夜を過ごしたが、彼は気づいていた。これが二人で過ごす最後の夜となるだろう。翌日、彼は妹のいるシュトゥットガルトに向かった。

あのとき彼はマリアが夫と幼いフランツと一緒に住むレルヒェン通りまで歩いた。アパートには義弟のカールと幼いフランツしかいなかった。カールが失業中なのでマリアが衣料品工場で働いていたのだ。後で三人そろって長めの散歩をして、仕事を終えたマリアを迎えに行った。夕食後にゲオルクは列車でケーニヒスブロンに戻った。別れ際にマリアは兄にこう声をかけた。「もっと遊びにきてよね。シュトゥットガルトは世界の果てじゃないんだから」

あれから一〇か月後の再会だった。ゆっくりと列車がシュトゥットガルト駅に入構した。時計は二時半を指していた。ゲオルク・エルザーは列車を降り、ホームの真向かいにあった一時預かり所に荷物を預け、駅前広場を抜けてホテル「ヴュルテンベルガー・ホーフ」に向かった。今はそこで働いている義弟のカールに会うためだった。

「そのホテルのスタッフから、彼の職場は同じ通りの数軒先だと言われました。行ってみると義弟がいましたが、肉屋としての仕事はほとんどなく、雑用を言いつけられていました。カールは駅に戻る私について来て、荷物の受け取りを手伝ってくれ、三輪カートに乗った荷運び人を呼んでから、自分の職場に戻りました。私はその荷運び人のカートにレルヒェン通り五二番地まで乗せてもらい、家にいた妹と再会しました」

夜になるとみんなで居間に座り、田舎のケーニヒスブロンや家族のこと、父親の健康状態などについて話した。ゲオルクは「もう一度、アルプに行って父さんに会いたいなあ、シュナイトハイムのザウラー家にも顔を出したいし」と言った。

マリアと夫は複雑な顔をした。「兄さんは外国にでも行くの？」。マリアがそう尋ねた。「ああ、垣根を越えてね」とゲオルクは短く答えた。「それは変えられないんだ」

妹も義弟もそれ以上は訊かなかった。二人はもっと知りたいとは思わなかったのだろうか？　このときゲオルクが思ったのは、自分の外国行きを妹は養育費の支払いのためだと勘繰っているのではないかということだった。妹の疑念が気にかかったが、それでも彼は黙ったままだった。

その後すぐに彼は寝室に戻った。マリアが夫婦のベッドを融通してゲオルクの寝場所を作ってくれていた。その前に義弟がこう言って挨拶をした。「いろんなものをありがとう。大切にします。でもいつか必要になったらいつでも返すから」。そう言うとゲオルクに握手を求めた。これにゲオルクは首を振りながら「いいよ、持っててくれ。もう要らないものだから」と答えた。

その日、ゲオルク・エルザーは自分の持ち物をすべて、妹夫婦に委ねた。その内訳は次のようなものだった。

「トランク、木箱、小包の中のものはぜんぶ、妹と義弟にあげました。そこにはネジや釘、工具など、家での作業や工作の際に使ったものが入っていました。大きな木箱の中身はスーツや清潔な下着類、半完成品の時計ケースが二個、それから時計のムーブメントが数個入った段ボール箱でした。このムーブメントは置き時計専用のものでした……。

私はトランクと小包、木箱を妹夫婦の目の前で開けました。中の物は二人に渡しました。大きな木箱は二重底にしてあって、それも妹に見せました。私はネジで止めてあったこの二重底の板を取り外し、また元に戻しただけで、それ以上の説明はしませんでした」

翌朝、彼はマリアと甥のフランツといっしょにキッチンで朝食を食べた。妹はこの日は工場に行かなかった。二人は今一度、ケーニヒスブロンと実家の問題を話し合い、家屋を巡る争いのせいで家族全員が揉めていることも話した。ゲオルクはマリアに、自分が受けた不当な扱いに今でも強い怒りを感じていることを打ち明けた。お前以外の妹や弟とはいっさい連絡を取り合っていないとも言った。「正義はあるのか、ないのか、二つに一つなんだ」。そう言われたマリアは考え込むように頷いた。

午後になって少し散歩した後で、マリアは兄を駅まで見送った。別れの時間は短かった。彼女は兄に「元気でね、たまには手紙を書いてよ」と言って手を差し出した。「お前たちもな」とゲオルクは短く応えた。そしてミュンヘン行きの列車に乗り込んだ。

「もう一度ミュンヘンに戻るということは、数日前、つまりシュトゥットガルトに向かう前のミュンヘンにいたときからすでに決めていました。時計の組み込みがあんなにも、つまりもともと想定していたより二日間も遅れてしまったので、どうしても確認したかったのです。私は時計がひょっとして途中で止まってしまってはいないだろうかと恐れました。一九三九年一一月六日に時計を設置したときは、時計を動かして時刻合わせをしてから、ビュルガーブロイケラーのホールを出るまで、たった三〇分しか余裕がありませんでした。それで念のためにもう一度ミュンヘンに行ったのです」

貯金は一〇ライヒスマルクしか残っていなかった。彼は朝食の席で、すぐ返すと約束をしてマリアに一五ライヒスマルク貸して欲しいと頼んだ。それでマリアは彼に三〇ライヒスマルクを渡していた。今、一路ミュンヘンを目指して走る列車の中で、彼は目を閉じようとした。例の柱と総統の姿が浮かんでくる……。暗殺はうまく行くだろうか？　幹部たちは死ぬだろうか？　その後で自分はうまくスイスに逃れることができるのだろうか？

「私は時限爆弾が爆発する前にスイスに入っていたいと思いました。行き先をスイスに決めたのは、ただそこを一番身近に感じていたからです。例えばイタリアのように他の国だと、右も左も分からなかったでしょう。コンスタンツ近郊にスイスへの国境越えにうってつけのポイントがあって、私自身コンスタンツに何年も住んでいたので、そこのことはよく分かっていました。ただしその頃は『緑の国境』と呼ばれる地点を越えようなどとは考えていませんでした。当時私は簡易国境通行証を持っていたので、そんな必要もありませんでした。（時計を動かせた後のことですが）違法に国境を越えてから、私はスイスで家具職人かそれに類した仕事を探すつもりでした……。

他にも私は意図するところがあって、それについてはすでにじっくりと考えていました。それはスイスからドイツ警察に宛てて詳細な手紙を書いて、暗殺未遂の責任は私一人にあり、他に計画を知る者も共犯者も誰一人いなかったと知らせることでした。それから自分の装置の詳細な図面と計画遂行の概要をまとめたものも同封するつもりでした。それは私の主張の正しさを確認してもらうためでした。そうしたメッセージをドイツ警察に送る目的はただ一つ、犯人捜査の過程で無実の人が逮捕される事態を防ぐことでした。場合によっては私自身がスイスからドイツに身柄を引き渡される可能性についてもあらかじめ考えていました。私はこれを回避するために、スイス軍部が関心を持ちそうなある資料を持ち出しました。

私はハイデンハイムにある部品工場の配送部門に勤務していたとき、到着した物、例えば弾薬の空箱などについて記録するよう言われていました。この木箱に弾薬を詰め込んで、ある会社に発送していたんです。その帳面は当時会社から与えられた物でしたが、私は雇用契約が終わった後、密かにこれを家に持ち帰りました。まだ最初の数ページしか記入してなかったのです。その内容が後で使えるかもしれないとそのときすでに考えていたかどうかは、今となってはもう分かりません。

会社を辞めたとき、この帳面の返却は求められませんでした。八月五日にこの帳面を他の荷物と一緒にミュンヘンに持って行き、手帳がわりにして時々書き足しました。しかしこれは、イースターのときにビュルガーブロイケラーを訪れ、柱の寸法をメモした帳面ではありません。ひょっとするとその帳面を八月五日にミュンヘンに持っていったのは、すでにその時点で、そこに書かれた内容が後になってスイスで使えるようになるかもしれないと考えていたのかもしれません。私がスイスに持って行こうと思ったページに書かれていたのは、もうお分かりでしょうが、いくつかのドイツ企業がドイツ再軍備のために活動していることが読み取れる内容でした。この情報を提供すれば、スイスから国外追放されはしないだろう、私はそう確信していたのです。それにもかかわらずスイスから立ち退きを求められたら、行き先はフランスにしてもらおうと思いました。もっともそこに確たる理由があったわけではありません。私はただ安定した仕事がしたかったのです。私はフランスの人たちがいわゆる移民を強制収容所にぶち込むという話は聞いていませんせん。フランスに関しても報酬は考えませんでした。滞在許可をもらうことだけを望んでいました。

もしスイス人が私を国外追放することになった際にドイツの軍需産業についての情報を私から取り上げていなかったら、私はそのメモをフランス人に渡そうと思っていました。私は入社時点かその少し後に、弾薬会社については一切、口外しないようにと言われたことは覚えています。

それは認めます。私の知る限り、当時は全員に書類が配られ、それに署名しなくてはなりませんでした。そこに国家反逆行為、スパイ活動、死刑といった文面があったかどうかは、もう覚えていません。

他の可能性、例えばスイスに逃れることができないかもしれないということは、ほとんど念頭にありませんでした。つまりうまくいくようにと強く願っていたんです。もしドイツで捕まったら、罰を引き受けるしかないと考えていました」

一一月七日の夜九時半頃、ゲオルク・エルザーはミュンヘンに到着した。彼はほとんど日刊紙を読まず、ラジオも聴かなかったので、自分の計画が危殆に瀕していることを知る由もなかった。

実はその前日にミュンヘン・オーバーバイエルン大管区指導部が、ある発表を行なっていた。戦争の影響により一一月八日のビュルガーブロイケラーにおける恒例の追悼行事は規模の縮小を余儀なくされる、ついては総統閣下ではなく副総統ルドルフ・ヘスが演説する、一一月九日の追悼行進については取り止めとし、その代わりに限定的な献花式を行うことにしたという内容だった。これを「フェルキッシャー・ベオバハター」紙が翌一一月七日に報道したのだ。

そんなこととは露知らず、エルザーは広いミュンヘン駅構内を抜けて、ビュルガーブロイケラー方面行きのトラムに乗り込んだ。万一に備えてポケットに小型ナイフやペンチ、各種のバネやネジを忍ばせていた。また彼はソーセージの入った包みも持っていた。ビュルガーブロイケラーに到着したのは午後一〇時頃だった。

「私はローゼンハイマー通りの正面玄関を入り、クロークの脇を通ってホールに入りました。そこは誰もいなくて明かりもついていませんでした。誰かから見られているという感じもなく、誰の姿も見かけませんでした。ホールのドアは鍵がかかっていませんでした。ホールからすぐ二階席に向かい、柱につけた扉越しに中の時計がまだ動いているか確かめました。扉に耳を押し当てるとかすかに時計の音が聞こえました。それからジャックナイフで両方の扉、いや時計カバーの側の扉を開けて、中の時計が進みすぎたり遅れたりしていないか、懐中時計で確認しました。時計はきちんと動いていました」

ゲオルク・エルザーは壁の羽目板を元に戻し、以前、夜毎にそうしていたように、馴染みの隠れ場所に身を潜めた。ホールのドアの鍵が開くまで待ち、朝の六時すぎにまた横の非常口から外に出た。ローゼンハイマー通りに出ると、一枚のポスターが目に止まり、彼はそこに近づいた。大きな文字で「総統が語る」と書かれていた。その下には「古参闘士の集い、一一月八日、ビュルガーブロイケラー。開場は一八時。第一SS装甲師団『アドルフ・ヒトラー』の附属軍楽隊による演奏つき」とあった。ゲオルク・エルザーは小さな文字の行も含めて、書かれた内容を二度読んだ。

「参加者一覧：

＊古参闘士

＊犠牲者一六名の遺族
＊総統閣下の賓客
＊国家指導者および大管区指導者
＊SAおよびSSの大将、中将
＊上級地区指導者および地区指導者
＊全国指導部の高級勤務指導者
＊国家労働奉仕団の労働管区指導者」

エルザーは振り向いて、もう一度ビュルガーブロイケラーを見やった。その瞬間、彼はいわく言い難い感覚に襲われた。それは誇りと満足感だったのか？　それとも孤独と不安感なのか？　自分の心臓の拍動が聞こえた。彼の脳内ではそれに合わせて爆弾が時を刻んでいた。「ぜったいにうまく行く」。彼は小声で自分に言い聞かせた。

一〇時少し前に彼は中央駅の切符売り場で、ミュンヘン—ウルム—フリードリヒスハーフェン—コンスタンツ間の三等切符を買った。まず旅客列車でウルムに行き、そこから急行列車に乗り換えてフリードリヒスハーフェンには夕方六時頃に到着した。コンスタンツ行きの連絡汽船の出港までまだ四五分あったので、理髪店に寄って髭を剃ってもらうことにした。顔に石鹸を塗ってもらいながら、彼は目の前の大きな鏡に映る自分を見ていた。白い泡が顔の下半分を隠していた。一瞬、柔らかく、温かいものに守られているような感じがした。理髪師が慣れた手つきでカミソリを泡の中に滑らせると、その安心感はたちまち弾け飛んだ。彼は爆弾のこと、自分の逃走のこと、そしてスイスのことを考えた。いよいよ明日だ。

第12章「強度の尋問」

　いきなり電気ショックを受けたかのようにゲオルク・エルザーは飛び上がった。摑みかかる両手が彼を眠りから叩き起こした。これは夢なのだろうか？　独房は闇に沈んでいた。中庭からのサーチライトだけが、簡易ベッドの輪郭をぼんやりと浮かび上がらせていた。彼は立ち上がると手探りで洗面台までの三歩を歩き、蛇口をひねった。そのまま開いた指の間を水が流れ落ちるに任せ、それから刺すように冷たい水を両手に溜めて顔に運んだ。そしてゆっくりと振り向く。数々の思考が壁を這い上り、さまざまな光景が彼の脳髄に穴を穿つ。国境での逮捕、コンスタンツとミュンヘンでの取調べ、ここベルリンのゲシュタポ本部への護送。長時間の尋問。同じ問いが延々と続き、同じ答えが繰り返される。

　彼は簡易ベッドに座る。息苦しかった。山塊のような絶望と罪悪感と憤怒が、彼を押しつぶそうとするかのようだった。

一一月二二日、水曜日、ベルリンのプリンツアルブレヒト通り八番地。そこは国民社会主義のテロルを計画し管理する場所、机上の加害者たちの巣食う場所だった。彼らはそこで「手続き」の「適正な処理」に専心しており、通例、恐怖の現場からは遠く離れていた。しかしそこで直接、人々が責め苛まれ、殴り倒され、拷問にかけられることもあった。上階のゲシュタポ事務所では、官僚ドイツ語で「強度の尋問」と呼ばれた取調べが行われた。要するに拷問のことだ。これの犠牲となったのは、共産主義者、社会民主主義者、労働組合員、抵抗組織のメンバーまたはメンバーであると決めつけられた人々、そしてナチス国家の権力要求に屈しようとしなかった、例えばエホバの証人やいく人かの聖職者たちだった。この取調べはすべての者に等し並みに屈辱を与え、責め抜くもので、相手が死に至ることも珍しくなかった。ゲオルク・エルザーのようにゲシュタポ内監獄に収監されていた者は生命の危険にさらされていたのだ。

朝九時。独房の扉の二つの閂が派手な音を立てて外され、一人のゲシュタポ職員が扉を開けた。「エルザー、一緒に来い！」。大きく、短く、よく通る声だった。命じた職員は制服を身につけ、大きく脚を広げ、背中で両手を組んで扉口に立っていた。その左にもう一人、制服職員がいて、肩を壁にもたせかけ、無関心な眼差しでゲオルク・エルザーを見ていた。三人は無言のまま長い通路を通り、階段や廊下をいくつも越えて歩いた。そして尋問室の前に立った。今ではエルザーはこの扉を知っていた。テロルの心臓部にまっすぐ通じる扉だ。中では彼を苦しめる男たちがすでに待機して「強度の尋問」の継続に備えていた。それが彼らの仕事だった。彼らは期待どおりにこれを遂行した。

勢いよくドアが開いた。「頭は剃り上げられ、顔がすっかり腫れ上がっていました」。後に妹のマリアは兄の様子をそう表現している。ゲシュタポの手下がゲオルク・エルザーをこれほど痛めつけたのは、彼の妹に暗殺計画を知っていたと白状させるためだったのだろうか？　彼女は連日のように尋問されていた。一人きりで、または夫とともに、あるいは兄ゲオルクの面前で。いつも同じ質問だった。「あなたは知っていたのか？　あなたは兄と連絡を取っていたのか？　彼は逃走を試みる前にあなたを訪ねなかったのか？　そのとき彼は何も説明しなかったのか？　あなたは何も疑わなかったのか？」

ゲシュタポ職員は冷酷で攻撃的だったが、時には親しげな甘言で質問を包み込むようなこともあった。あらゆることが方法論どおりだった。しかしマリアと夫の返答もいつも同じだった。「いいえ、私たちはまったく知りませんでした！　いいえ、気がつきませんでした！　いいえ、私たちは暗殺とは無関係です！」

シュトゥットガルトで逮捕された直後から夫婦はそう言い続けていたのだが、誰がそれを信じてくれただろう？　家宅捜査がなされ、この二人も繰り返し尋問された。そして夫婦は特別列車でベルリンまで移送された。「移送中は二人の刑事に監視されていました。同じコンパートメントに夫もいっしょでした」と後にマリアは述懐している。「親戚も連行されましたが、列車の中では誰とも会いませんでした。ベルリンに着くと私は最初、モアビート刑務所に入れられ、数日後にホテル『カイザーホーフ』に移されました。さらに数日後、親戚は帰宅を許されましたが、夫と私はまたモアビート刑務所に戻されてしまいました」

二人は親族の他のだれよりも長くベルリンに拘束されることになった。ゲシュタポ職員はあらゆる手段を使って夫婦から「自白」を引き出そうとした。しかしこれはうまくいかなかった。しかし毅然とした態度を貫いたことで、大きな犠牲を払わねばならなかった。一九四〇年二月一八日、数え切れないほどの過酷な尋問の末に、ようやく妹夫婦は釈放された。

その水曜日の午前、マリアは自分たちのこれからの長い苦難を知る由もなかった。一〇日前から夫婦はベルリンの街にいるのに、刑務所とホテルとゲシュタポ本部の事務所しか見ていなかった。彼女はゲオルクとすでに三回、対面させられたが、今日が最悪だった。

ゲシュタポの拷問官は「強度の尋問」を自分たちがどう理解しているかを容赦なく示した。しかし彼らはこれで何を実現しようとしたのだろう？　ゲオルクはとっくに自白していた。夜通しの取調べで、攻撃の計画と準備、そして実行について細部に至るまで話し、調書に残されたのだ。彼らはなおもテロの背後にいる人物たち、彼に依頼した者たち、黒幕の存在を疑っていたのだろうか？　エルザー家全員をナチス指導部に対する謀反者だと考えていたのか？

マリアには、ゲシュタポが力ずくで罪の告白を自分に強要しているとしか思えなかった。そうでないとしたら、前夜、兄に手酷い仕打ちをし、今こうしてその変わり果てた姿を自分に見せつける意味がわからない。そうした彼らの意図の一つは実現された。彼女は神経衰弱に陥ったのだ。

ゲオルク・エルザーの母親ももう限界だった。両親はすでにシュトゥットガルトで何度も繰り返し取調べを受けていた。そして今ベルリンでも新たに厳しい尋問を受けることになったのだ。彼女は後にこのときの息子との再会を振り返っている。

「ベルリンでまず私と夫は再び刑務所に連れて行かれ、閉じ込められました。そこで改めて取調べが始まりました。ベルリンで誰から取調べを受けたのかはわかりません。みんな知らない人たちでした。ここでも毎日、取調べがあり、だいたいいつも別の取調官でした。ここベルリンで一度、大きな部屋に連れて行かれたこともありました。長机の奥に息子のゲオルクが座っていました。側に行くよう促されたとき、息子は泣いていました。私は向かいに座らせられ、息子のゲオルクに間違いないか、この者が暗殺未遂事件を起こしたと思うかと訊かれました。ここでも私は、ゲオルクがそんなことをしたとは思えないと、自分の考えを繰り返しました。ゲオルク自身とは話しませんでした。そもそも話をしていいのかどうか、わからなかったからです。それで息子に声をかけることはしませんでした」

家族は毎日、尋問された。何時間にも及ぶことが少なくなかった。ときには親しげな口調、ときには厳しく問い詰める口調だった。尋問官はゲシュタポ職員一人のこともあれば、二人、あるいは四人のこともあった。あるとき、家族全員が尋問室に呼ばれたことがあった。大きな机の周りに座って一緒に訊かれたのだ。とうとうそれが終わってホテル「カイザーホーフ」に戻らされたときは、誰もが安堵した。

「家族一人一人に部屋が与えられ、ちゃんとした食事も出ました。でも部屋から出ることは許されませんでした。私たちが外出しないように、部屋の前の廊下をいつも警官たちがパトロールしていたんです。ホテル内ならば日中は家族が集まることも、一緒に食事をすることも許されていました。夜になるとみんな自分の個室に戻ったんです」

母親は後でホテルでの状況についてそう語った。

ゲオルクの妹フリーデリケと夫のヴィリもベルリンに連行された。この二人はシュナイトハイムで逮捕され、最初、シュトゥットガルトで拘禁されて取調べを受けた。その後でゲシュタポ本部での取調べのために、ベルリンに移送されてきたのだ。後にフリーデリケは自分たちの人生を一変させた日々を振り返っている。

「一九三九年一一月九日のビュルガーブロイケラーでの暗殺未遂事件のことは、私も夫もラジオ報道で初めて知りました。それ以前は、ゲオルクがそんな計画をずっと温めていたことも、ヒトラーを暗殺しようとして逮捕されたことも、まったく知りませんでした。夜にまたラジオで容疑者の特徴が放送され、それを聴いた私は夫に向かって『特徴が似ているからゲオルクが犯人と間違えられるかも』と言いました。翌朝にはもう刑事が三人やって来て、私と夫は逮捕され、まずハイデンハイムに送られました。そのときに家宅捜査も行われましたが、何も見つからず、何も押収されませんでした。同じ日の晩に私たちはトラックでハイデンハイムからシュトゥットガルトに移送され、そこで収監されました。ビュクセン通りの刑務所でした。トラックに夫の座るスペースはなかったので、夫は翌日になってからシュトゥットガルトに移されました。シュトゥットガルトで私は他の家族と引き離され、その後も互いに会うことは一度もありませんでした。この街には一〇日から一二日ほど収監され、連日、ときには夜間も尋問を受けました。取調べの際も私はあいかわらず何が起きたのか教えてもらえず、事情がわからないままでした。兄について根掘り葉掘り訊かれました。職員たちは、兄の以前の生活ぶりや誰といっしょだったかといった点について、何でも細かく知りたがりました。

そしてシュトゥットガルトからは、夫、母、きょうだいたちといっしょにベルリンに移送されました。ベルリンではゲシュタポ本部に連れて行かれ、ホテル『カイザーホーフ』に個室が与えられました。ホテルでの待遇はとても良くて、食事も美味しくて文句のつけようがありませんでした。しかしそこでも刑事やゲシュタポ職員から厳しく監視されていました。私たちはベルリンにさらに一週間ほど滞在し、その間、何度も尋問されました。私はベルリンでも繰り返し同じ事を訊かれました。兄のゲオルクの幼い頃から今までの生涯について、根掘り葉掘り質問されました。私たちは暗殺計画について何か知っていたのかとも訊かれました。でも本当のことしか話しようがありませんから、そのことはまったく知りませんでしたと答える他ありませんでした。六、七日して、姉のマリア以外は全員解放され、姉だけベルリンに残されました。解放されたときみんなに書類が渡され、一人ひとりそれに署名しなくてはなりませんでした。この件について発言を控え、他人に口外しないことを誓約させる内容でした」

ゲオルク・エルザーの弟レオンハルトも妻エルナとともにゲシュタポの尋問のためにベルリンに連行されていた。彼も後にこう証言している。「釈放の際に私たちは、この件に関して何も話してはならないと言われました」

ベルリンではエルザーの家族の他に、彼の人生において長らく中心的な役割を担ってきたある若い女性も尋問を受けた。かつての恋人エルザ・ヘラーだった。その雨もよいの水曜日、二人は一〇か月ぶりに再会させられた。数年後、エルザは二人の最後の出会いをこう語っている。

「あの人は部屋の真ん中の椅子に座っていました。あんな状態の彼を見たら、言われなければ、自分の恋人だった人だとは分からなかったでしょう。顔は膨れ上がり青痣ができていました。痩せて目玉が飛び出たように見え、とにかく見るのも辛かったです。両足も腫れていて、彼が椅子に座っているのは、もうほとんど立って歩けないからなんだと思いました……。

対面が終わる前に一人の刑事から、何か訊きたいことがあれば自分で訊いてもいいぞと言われました。でも私の口から出たのは『ゲオルク、本当にあなたがやったの？』ということだけでした。最初、エルザーは答えず、忘れがたい顔つきで私を見るだけでした。それからようやくゆっくり口を開いて『エルザ』とだけ言いました。すると背後に立つ職員から首筋を殴られ、それ以上の発言は許されませんでした。あのとき、そして今でも私は、エルザーが無実を訴えたかったのだと確信しています。かつて恋人だった私は、表情と仕草から彼の思いを汲み取ることができました」

その一一月二二日の午後、エルザはすっかり取り乱して取調室を出た。ゲシュタポ職員たちにホテル「カイザーホーフ」に戻された彼女は、そこで特別な監視下に置かれた。

「部屋の扉は常に施錠され、その前には複数の警備員が立っていました。同じホテルにエルザー家の人たちも泊まっていましたが、誰とも会いませんでした。私を尋問するときの担当官たちの言葉の端々や態度から、どうやら私はエルザーの次に怪しい人物だと思われていることが分かりました。何を言っても、私とエルザーの関係がもう終わっていて、暗殺のことを私が何も知らなかったことは信じてもらえませんでした」

あいかわらずゲシュタポ側は、エルザーが単独犯であると信じたくはなかったのだ。よろしい、自白は手に入った。ここ数日、彼は自分たちの目の前で時限爆弾の構造図を描いてみせ、模型まで作った。そしてこれまで彼が尋問の席で供述した内容も、ただちに確認された結果、ことごとく正しかったことが判明している。この男は本当に単独犯なのか？　裏で糸を引く黒幕も、すべてを知る協力者も、犯行の依頼人もいない単独犯？　抵抗グループにも地下組織にも属さない一匹狼？　彼への尋問は長時間続けられた。昼夜を分かたずに。昨晩はとうとう彼らの忍耐が限界に達した。「強度の尋問」

が行われたのだ。それでもシュワーベン訛りの華奢な男は繰り返すばかりだった。もうぜんぶ白状しました、それ以上のことは知りませんと。妹のマリアや元恋人のエルザとの最後の対面でも、彼が饒舌になることはなかった。ゲオルク・エルザーの痛々しい姿を女性たちに見せつけることで、二人のどちらかが暗殺未遂の追加情報を明かすだろうというゲシュタポの目算もみごとに外れた。しかし「今日はダメでも明日があるさ」。ゲシュタポは一匹狼の反体制派を後悔した民族共同体メンバーに変えるべく、努力を惜しまなかった。彼らにしてみれば、それに必要な方法は自家薬籠中の物であり、彼らの職人技の見せどころだった。

独房の扉が重々しく閉まり、外側から力強い動きで閂が掛けられた。ゲオルク・エルザーは簡易ベッドに身を横たえた。彼は凍えていた。体に力が入らず惨めな気分だった。薄汚れた壁が彼のぼやけた視界を隈取っていた。今ではどの染みも、どの引っ掻き傷も、どんなに小さな亀裂も彼には見慣れたものだった。しかしその瞬間、四壁が自分を威嚇するように感じた。壁が自分を苦しめる者たちと結託しているかのように思えたのだ。なぜ壁は敵たちから自分を守ってくれないのか？　なぜ自分は摑みかかる手や殴りつける拳から守られていないのだろう？　自分はこの独房の中にいるというのに。ゲオルク・エルザーは疲れていた。彼は長い尋問に加え、マリアとエルザとの二度の対面で、疲れ果ててしまったのだ。疲労が頂点に達すると、意識が最後に眠気に抵抗して、再び我に返る瞬間が訪れた。「早く終わってくれないかな」。そう呟くと、彼の首は横に傾いた。

このとき、ゲシュタポ本部内の監獄からわずか数キロ離れて、税官吏の制服を着た四人の男たちがライヒ財務省に足を踏み入れた。スイスに逃亡しようとしたゲオルク・エルザーを一一月八日の晩に拘束した例の税関職員クサーヴァー・ライトリンガーと彼の三人の同僚、若いツァップファーと監視長のトラープマン、それと税関検査官のシュトラウベだった。彼らは夜のレセプションに招かれていたのだ。やはり制服姿のラインハルト国務長官がはるばるボーデン湖畔の街から来た四人を讃えた。「君たちは税関に多大な貢献をしてくれた。どれほど感謝しても感謝しきれまい」。そして一人ひとりと握手を交わし、税関国境警備隊名誉徽章をそれぞれの制服の胸に留め、金一封を贈呈した。また彼らは「模範的な職務理解」を示したとして、いずれも昇進することとなった。ツァップファーは税関助手に、ライトリンガーは税関助手から税関検査官に、トラープマンも秘書官から検査官に、そしてシュトラウベは税関検査官から税関職員に。四人ともいかにも誇らしげだった。

その後、ちょっとした祝宴の席で国務大臣がライトリンガーを呼んで言った。「実は君に、逮捕劇について税関学校の生徒たちの前で講演してもらいたいんだ」。それは依頼というより命令のような口調だった。

ライトリンガーは困惑して答えた。「しかしそれは国家機密ではありませんか？　カールスルーエのゲシュタポからは、このことは口外無用だと言われています」

ラインハルトはライトリンガーの肩に手を置いてこう言った。「それはそうだが、同志の前で話す分には差し支えない。君も知っての通り、ＳＳ（親衛隊）の連中はできれば税関を傘下に置きたいと狙っている。今こそ我々の立場を明確にするチャンスなんだ。なんと言っても暗殺未遂犯を捕まえたのは君と君の同僚であって、ＳＳじゃなかったんだからな」

翌日、ライトリンガーは一〇〇名を超す税官職員たちの前で短い講演をした。夜中に彼はホテルの自室で、大急ぎで講演用メモを作成していた。しかし慣れないことゆえ終始ぎこちないままだった。彼は内心でこう考えた。要するにあれはありきたりな不審者確保にすぎなかった。目の前の不法越境者が実はビュルガーブロイの暗殺未遂犯だったなんて、誰に分かる？

そう、彼は英雄などではなかった。ただ自分の義務を果たした、それだけだ。確かに彼はいくらか誇らしかった。「フェルキッシャー・ベオバハター」紙は本日版でコンスタンツ四人組の注意深さを褒めそやし、彼と三人の同僚が国務長官ラインハルトと写った写真まで掲載した。午後、ライトリンガーは新聞売場で「フェルキッシャー・ベオバハター」を二部買った。彼はツァップファーに向かって「いいベルリン土産だ」と言い、言われたツァップファーも誇らしげだった。

晩にこの二人はプリンツ・アルブレヒト通りに出頭しなくてはならなかった。国境での出来事について、ゲシュタポ職員から改めて尋問されることになったのだ。すぐに分かったことだが、ゲシュタポでの扱いは税関とは大違いだった。前日に「特別な功労」を理由に昇進を言い渡され、勲章を授与されたことなど、誰も関心を示さず、事実と新情報こそが求められた。ライトリンガーは訊かれたことにだけ答えるよう、言われた。このときのことを彼は後に述懐している。

「そこは国家保安本部でした。事務室に入ると保安部の高官とおぼしい私服姿の紳士が数人いました。私はそこでエルザー逮捕の一部始終について、改めて尋問されました。そこではよけいなことは何一つ話せませんでした。以前、コンスタンツで尋問されたときと同じでした。私はそこで、まるで被疑者役を押し付けられたかのような印象を受けました。ここでも自分の発言をまとめた調書に署名しなくてはなりませんでした。ツァップァーは私とは別個に尋問されました。後で二人で話しましたが、ゲシュタポの尋問戦略については彼も私と同意見だと言っていました」

尋問の後で二人は、SS指導者で警察長官のラインハルト・ハイドリヒからも話があると伝えられた。「諸君をお迎えできて嬉しい限りです」。長官は広い執務室でライトリンガーとツァップァーにそう挨拶をして、急に真顔になった。ライトリンガーはハイドリヒとの短い会談についてこう述べている。

「ハイドリヒは、私たちをここに呼んだのは自分であると明かしたうえで、握手をしながら、エルザーの件で知っていることはいっさい他言してはならないと言いました。彼は私たちにはその責務があると明言したのです。その後で私たちは固い握手とともに、自分たちの守秘義務を彼に約束しなくてはなりませんでした」

暗闇の中、二人はゲシュタポ職員二名に伴われ、国家保安本部を後にした。階段を降り、彼らをホテルに送り届けるために待機する車に向かいながら、ライトリンガーはふと、一五日前に自分がスイスとの国境地点で確保した男のことを考えた。あの男はこの建物のどこかに勾留されていて、きっと本部内監獄の独房で尋問を待っているはずだ。ああ、ありがたい、自分が奴の立場でなくてよかった。確実に起訴されるだろう。ヒトラーを殺そうとした男だ、裁判はすぐに終わるだろう。当然、死刑判決だ！

本当にライトリンガーはこの男の立場にはなりたくなかった。あいつは狂人に違いない。あるいは何かの考えに目が眩んでいたか、金で暗殺を請け負ったかだ。ライトリンガーは最後の可能性が高いと踏んでいた。

ツァップファーが彼を現実に引き戻した。「クサーヴァー」と話しかけたのだ。「今夜は一杯飲もう、明日はやっと家に帰れるぞ」。ライトリンガーは頷いた。「本当にありがたい」

夜、コンスタンツの四人組が酒席で機嫌よく帝都ベルリンとの別れを祝っていたとき、ゲオルク・エルザーはゲシュタポ職員によって独房から連れ出された。夜遅くに尋問が始まるのは、例外でも偶然でもなく、既定の方針だった。引き出された者は睡魔と闘わされる。集中力の欠如が不用意な発言をさせ、抵抗する力が削がれてゆく。ゲシュタポ職員たちはそうした状況を活用した。すでにゲオルク・エルザーも幾度となく真夜中に尋問された。取調べが朝まで続くことも稀ではなかった。時計の針がまもなく深夜零時を示す今、彼は苦労して看守たちの後ろをついて行った。投獄され、尋問され、虐待されて、もうボロボロだった。ゲオルク・エルザーはすでに心の折れた男になっていた。

尋問室の扉が開けられた。看守らがゲオルク・エルザーを部屋の中央に連れて行く。「その椅子に座れ」と無愛想な声が部屋の奥から響く。書類キャビネットの前に設置された小型スクリーンがゲオルク・エルザーの目に止まる。「消灯！」。同じ声が命ずる。スクリーンにはビュルガーブロイ暗殺未遂事件の犠牲者たちの葬礼シーンが映し出された。彼らの葬儀はミュンヘンで一一月一一日に国葬として行われたのだ。両側を儀仗兵に囲まれた七基の棺。その前を花束と花輪が埋め尽くしていた。カメラがティルトアップして遺族を映す。泣いている顔のアップ。「こんなことを望んだわけじゃない……」。映像に圧倒されてゲオルク・エルザーは泣き崩れた。

「点灯！」。再び命じた声の主は背の高いゲシュタポ職員だった。今、暗がりから姿を現し、机に向かって歩いてきた。もう一人の職員に促すように頷く。その職員はゲオルク・エルザーの隣に立った。記録係が鉛筆に手を伸ばす。

「問い：一一月七日から八日にかけての夜に自分の製作物を最後に見て、柱の扉を閉じたとき、
　何を考えたのか？
答え：もう覚えていません。
問い：当時、襲撃の影響をどう思い描いていたのか？
答え：それまでにもそのことは何度か考えました。
問い：多数の死者が出るだろうということは考えたのか？
答え：はい。
問い：それを望んだのか？　そして誰を狙ったのか？
答え：はい。私の狙いは国家指導部でした。

問い：犯行を計画し準備する間、その決意はずっと変わらなかったのか？　それとも途中で自分の行動に疑いを持つことはあったのか？

問い：（長い間考えて）疑問を感じたことがあったかどうかは覚えていませんが、一度もなかったと思います。

問い：計画が失敗したにもかかわらず、八人もの人を殺してしまったことについて、今はどう思っているのか？

答え：過去に戻れるものなら、二度と致しません。

警告：私の質問に答えていない。

答え：目的は達成されていません。

問い：それまで生きていた八人の人たちを死なせたことは、どうでもいいことなのか？

答え：いいえ、どうでもよくはありません。

問い：もしもなんらかの理由で、今日釈放されるとしたら、何をする？

答え：私がやった悪いことを何とかして償いたいと思います。

問い：何をもって、そしてどのようにして？

答え：民族共同体の中に身を置き、ともに協力するよう努めます。

問い：そんなことができるのか？

答え：私は考えを変えました。

問い：それは逮捕されたからなのか？

答え：いいえ、私は自分の考えが正しかったなら、計画はきっと成功していたと思います。それが成功しなかったということは、成功しない定めだった、つまり自分の考えが間違っていたのだと確信しました」

最後の尋問は三〇分足らずで終わり、その直後にタイプ書きされた調書が用意された。一人の職員からそれを手渡されたゲオルク・エルザーはそれをちらっと眺めただけだった。彼には内容を読む力がもう残っていなかったのだ。その最後の行には「この調書は以下の者が自ら読み、同意し、署名したものである」との一節が書かれていた。記録係が万年筆を彼に渡した。無言のままエルザーは調書に自分の名を書いた。

翌日、膨大な尋問調書に目を通したハインリヒ・ミュラー親衛隊中将は、矛盾する感覚に襲われた。捜査の責任者である彼は部下たちの仕事ぶりに満足する一方で、「強度の尋問」の甲斐なく、エルザーに当初の供述を変えさせることができなかったというのも事実だった。NS指導部はプロパガンダに使えないという点も含め、この捜査結果には満足しないだろう。彼にはそれが分かっていた。最終的に暗殺未遂犯は自分の行動の正しさに疑いをもつようになりはしたが、政権上層部にとってそんなことに何の意味があるだろう？　ヒトラー、ヒムラー、ハイドリヒは「黒幕説」に固執しており、英国諜報機関の関与を証明しようと躍起になっていたのだ。それなのに捜査の結果、その説を根拠づけるものは何も出てこなかった。ミュラーは短いメモを書き込んで、その調査結果をNS幹部に転送した。数日後、ハイドリヒから電話がかかってきた。「総統閣下は、英国諜報機関がどれほど狡猾な手段を用いたのかを証明するために、裁判は終戦後としたい旨を指示された」

ゲオルク・エルザーは国家保安本部の保護拘禁囚となった。彼はドイツ勝利後の見せしめ裁判で英国諜報機関に対する重要証人として証言をさせられることになったのだ。その日までに我々はこの男をなんとか使いものになるようにしよう。SS隊員ミュラーはそう考えた……。

ハイドリヒからの電話の数時間後、一台のグレーの車がプリンツ・アルブレヒト通り八番地の中庭に停まった。二人のゲシュタポ職員がゲオルク・エルザーを独房から連れ出す。中央刑務棟の長い廊下を歩きながらエルザーが尋ねた。「どこに行くんですか?」

「これから遠足さ」と一人の職員が答えた。おもしろがってもう一人が付け加えた。「そう、キャンプに行くんだ」。二人の笑い声が廊下に響いた。

第13章　保護拘禁囚Eの死

フランツ・ファハナーは痩せた背の高い男で、きちんと分けた金髪と目の醒めるような碧眼《へきがん》の持主だった。一九三九年五月に彼は国防軍に召集された。上官たちはすぐにこの若き新兵が「アーリア人」としての模範的な容貌を備えていることに気づいた。彼は入隊後わずか四週間で新設の「SS警察師団」に配属された。これは精力的な警察隊員から構成され、エリート集団と見なされる師団であった。団員はいずれも「ドイツ的な容貌」を備え、警察業務に習熟し、前線での特殊任務に就くことが想定される優れた若者たちだ。

フランツ・ファハナーはフランス進攻作戦に参加し、そのあとロシアに向かった。一九四一年、最初の困難な冬にこの特攻隊員はレニングラードを目前にして気温七度の厳寒の中で重傷を負った。その後、野戦病院に一年も入院したが、その怪我はもはや完治が難しかった。右腕に麻痺が残ったのだ。

この怪我にもかかわらずSSは彼を利用した。彼は長期の療養生活ののちにミュンヘンに配置換えされた。SS兵舎フライマンでフランツ・ファハナーは新しい制服を手渡され、新たな任地を告げられた。行き先はダッハウ強制収容所だった。

ミュンヘンに程近いダッハウ強制収容所は国民社会主義者たちが建造させた最初の「公式の」収容所だった。かつての軍需工場の跡地に五〇〇〇人が収容されることになった。ダッハウはモデルとしての性格を有していた。ここでは政治上・イデオロギー上の敵対者に対する弾圧と排除のためのありとあらゆる方法が試され、それらが後に他の収容所でも適用されることになる。ダッハウはSSの「基礎学校」となったのだ。ドイツおよびドイツに侵略された国々で多年にわたって不安と恐怖を巻き起こした収容所長たちの多くがダッハウを経てきていた。彼らは皆、ここでその血に塗れたやり口を「学習」したのだ。

フランツ・ファハナーは囚人の監視役を命じられた。彼は最初のうちは強制収容所で働くことに抵抗を感じていた。すでにこの収容所についていくらか聞き知っていたのだ。歳上のSS隊員が教えてくれた通り、そこは一九三三年三月二二日に「稼働を開始」した。政権の座に就いたら政敵たちを一掃するというヒトラーの脅しは、ここで初日から実行に移された。捕まえられた共産主義者はほぼ全員がダッハウに送られた。その後に労働組合員や社会民主主義者、そして間もなくユダヤ系市民も続いた。著名な新参者が収容所にやってくると、SS看守らは収容者一人一人に「特別プログラム」を考案した。彼らに屈辱を与え、拷問するためだった。

政治家は「駄弁家」や「労働者の裏切り者」と書かれた板を首からぶら下げられた。他の有名人はSS隊員たちが大声で囃し立てる前で、鞭を手に二列に並ぶ者たちの間をさんざん打たれながら走らされた。大学人は肉体労働に慣れていないのですぐ倒れることを承知のうえで、最も過酷な作業に当たらせられた。多くの収容者がこうした嫌がらせに耐えられず、苦痛に満ちた死を迎えることとなった。

　ダッハウには当初から「懲罰房」があり、後にその倒錯性はますます嵩じていった。一九四〇年以降は二つの特別ブロックに懲罰房が設置され、それらのブロックは有刺鉄線で収容所の他のブロックから区別されていた。そこでの扱いは特に残虐で、食事は他所よりもさらに貧弱な内容だった。またそこには「ブンカー（防空壕）」と呼ばれる所もあった。暗ぼったく黴臭い収容房のある建物である。収容者たちはその中で何か月も過ごさなくてはならなかった。壁に鎖で繋がれることも珍しくなかった。そこで特に恐れられたのは「直立のブンカー」だった。これはSSによって考案された特別苛酷な仕打ちだった。そこに入れられた収容者は一辺が六〇センチメートルにも満たない正方形の場所で何日も立ったまま過ごさねばならなかった。フランツ・ファハナーは一九四四年の夏にこの収容所で勤務を開始した。ちょうどダッハウは完全な過密状態に陥っていた。

　すでに一九三九年以降は、収容者の輸送はファシスト政権の侵略政策を反映したのもとなっていた。収容者名簿には、ドイツからの収容者に加えて、主としてポーランド、ソ連、ハンガリー、チェコ、フランスからの収容者の名が記載されていた。ポーランドからはすべての大学の関係者が移送されてきた。これはNS指導部が命じたポーランド知識人殲滅作戦の一環であった。フランスからは大勢のレジスタンス戦士たちが運ばれてきたが、彼らのその後の運命については、他の千人以上の収容者の行く末同様、誰一人知る者はいない。

　ここ数年で収容所は大幅に拡張されたが、その作業は主に収容者たち自身によって行われた。このようにして拡張工事が完了したものの、収容所は絶望的な過密状態のままだった。三人以上の収容者が「ベッド」と呼ばれる板張りの狭い区画を共有することも珍しくなく、栄養と衛生状態が劣悪なため、病気や伝染病が蔓延していた。後に資料により、一九四四年だけで中央収容棟に三万人を超える人々が収容されていたことが明らかになる。そこはかつて収容人員五〇〇〇人を想定していた収容棟だった。

ファハナーは収容所のゲート前に立つと、何も言われないのに身分証を提示した。門衛はほとんど無表情でそれをしまわせ、「いっしょに所長室に来るように」と告げた。わずか数百メートルの距離だった。ファハナーの目に電気柵が見えた。その向こうには画一的なバラックが立ち並ぶ。そこが本来の収容棟だった。

一人の曹長が迎えてくれた。「やあ、来たか。君はずいぶん賞を取ってるな。当収容所にようこそ。昨日はたいへんなことがあってね。囚人が一人、騒動を起こして、もう一人も騒ぎだしたんだ。我々にとってはひどい一日だった。何人か吊るし首にせざるを得なくてね。驚くことはない、そんなことが毎日あるわけじゃないから。まずはこれに目を通してくれたまえ」。そう言うと彼はファハナーの手に機密事項に関する書類を押し付けた。「読んだらサインも頼むよ」

ファハナーはひどく動揺してしまい、懸命に字面を追おうとしたが視線が定まらず、頭にさっぱり入ってこなかった。それでもサインはした。

ＳＳ隊員は続けて言った。「君には検閲室に行ってもらおう。そこで囚人たちの手紙の検閲に当たってくれ。ここに来た手紙、ここから出す手紙、ぜんぶだ。囚人たちが受け取る手紙に、例えばカミソリの刃とか家族写真が同封されていてはならない。とりわけダッハウ収容所の悪口を書くことは許されない。気を抜かずにチェックして欲しい」

こうしてフランツ・ファハナーは四週間、収容者の郵便物をチェックした。同僚はたいてい年配のSS隊員だったが、みな自分の日々の仕事を淡々とこなしていた。彼らは、手紙を書いた人たちが苦悩と恐怖に苛まれていたことをもうずっと以前から意識しなくなっていた。自分たちの身の安全だけが関心事で、他人の運命などどうでもよかったのだ。

そしてある木曜日。ファハナーは建物の二階のある中尉のもとに来るよう求められた。制服姿の中尉は彼に「私について来なさい」と言って、手招きをした。短く刈り揃えた口髭と窪んだ目をした男性だった。二人は検閲室の入っている建物を後にし、数メートルほど歩いて収容所本来のゲートに向かった。ゲートをくぐり、ささやかな広場を横切り、そこから右に折れ、無数のバラックを通り過ぎていった。バラックの奥には一定の間隔で監視塔が聳えていた。重い鉄製ゲートの手前で中尉は立ち止まった。「あそこの独居房棟が見えるか?」と彼はファハナーに言って、石造りの細長い建物を指差した。窓には鉄格子が嵌め込まれていた。「今日からここが君の仕事場だ」

それから数日後にファハナーは、新しい上司となった、いつも顰《しか》めっ面をしている親衛隊中尉から、収容所の鍵を渡された。それは独房のすべてのドアも開けられる鍵だった。

ファハナーはいわゆる「著名人士棟」の担当だった。彼には二名の長期拘留囚が雑用係として割り当てられた。二人ともエホバの証人の信者で、「宗教上の反抗」を理由にこの強制収容所に送られてきていた。「著名人士棟」でファハナーが出会った相手は、政治的、社会的、経済的な著名人であったにもかかわらず、国民社会主義者たちから敵対者、反政府活動の協力者、陰謀家とみなされ、現在は、さまざまな特権的な処遇が認められる事例が多かったとはいえ、「保護拘禁囚」として収容されている人々だった。例えば、オーストリアの元首相シュシュニクは妻と幼い娘シシーの三人で二つの独房に住むことが許されていたし、元ライヒ銀行総裁のシャハトはここでもお馴染みの立ち襟を断念する必要がなかった。また地政学者のカール・ハウスホーファーも専門文献の不足に不満を抱く必要がなかった。ハルダー元参謀総長や駐ベルギーの元ドイツ軍司令官フォン・ファルケンハウゼン大佐など、ナチス政権から疎まれた軍人たちは当然だが、教会の要人らもファハナーの監督下に置かれていた。メッテン修道院の院長、ギリシアの大司教、マルティン・ニーメラー牧師……いずれも反対派メンバーとしてこの強制収容所に送られてきていた。このときはまだナチス自身が、多くの収容者の処遇に関して決めあぐねていた。何年間もの隔離とするのか、それとも殲滅か。

そうこうするうちにフランツ・ファハナーは、このテロシステムと折り合いをつけていた。この収容所で人々に行われていること、辱めや拷問、銃殺、絞首刑などを思って、微かな疑念が彼の心を襲うことはあった。しかしここでは人の死は日常の一部だ。クレマトリウム（ガス室と遺体焼却場からなる複合施設）では死の部隊が二四時間体制で恐るべき作業を続けていた。特殊部門では医学実験も行われた。マラリア原虫を用いて人々にマラリアを感染させたり、氷水を満たしたタンクに人を何時間も浸らせて、人体がどこまで寒さのストレスに耐えられるか知ろうとしたりした。被験者の死亡は最初から折り込み済みだった。そもそもこの場所で人間の生命にどれほどの価値があっただろう？

フランツ・ファハナーは頭をもたげる疑念を脇に追いやった。なんと言っても戦争なのだ、そう考えて彼は自分を宥めた。戦時には断固とした措置も不可欠なのだ、そう上司たちからも再三言われていた。強制収容所の看守の間では「鉋《かんな》をかければ木屑が落ちる」という諺がよく言われていた。「木屑」とは人の死、何千人もの死のことだった。もともとファハナーはいわゆる「高官専用拘禁所」での勤務を喜んでいた。ここは収容所内の「小収容所」であり、著名な収容者たちのために「特別な条件」が存在していた。戦争が終わって平時に戻ったら彼らにもきちんと裁判を受けさせるべきだという声が上がるかもしれない。そうファハナーは考えた。しかしそれを決めるのはNS指導部であって自分たちではない。自分は自分の義務を果たす、それだけだ。

凍てつくような寒さの水曜日。高官専用拘禁所の彼のもとに、四名のSS衛兵が小柄で目立たない男を連れてきた。四人のうちの一人が去り際に「こいつはザクセンハウゼンからの輸送便だ、後で電話が来る」と言った。ファハナーは新人を守衛室に連れて行った。電話が鳴る。「新しい囚人は六番房だ。それ以外は誰かに訊け」。電話口の声はぶっきらぼうだった。ファハナーは今では管理部内のこうした粗い物言いに慣れていた。言葉はここのシステムに似つかわしく効率的だった。余分な言葉はなし。命令は手短で攻撃的、たいてい大声なので聞き逃しようもなかった。言葉の中に侮蔑と皮肉が込められていた。とりわけそれが囚人に向けられた場合には。

ファハナーはその男を六番房に連れて行った。具合が悪そうだった。頬はこけ、体は痩せ細っていた。沈没船のようだ。ファハナーはそう感じた。「あなたの名前は?」。彼は収容者に尋ねた。

おずおずした弱い声で返事が来た。「エルザー……、ゲオルク・エルザーです」

ファハナーは大きな鍵で独房の扉を開けて言った。「後でまた来てもらって、あなたの情報を登録します」

しかしそうはならなかった。すぐ後にファハナーは、六番房のこの目立たぬ収容者が以前ミュンヘンのビュルガーブロイケラーで総統暗殺未遂事件を起こした男だと知らされた。また彼には、エルザーがここ五年間、「国家保安本部の特別囚人」としてザクセンハウゼン強制収容所に収監されていたことも伝えられた。

一九三九年、尋問を完了したゲシュタポが彼を連れて行った先が、ベルリンの北方三五キロのその強制収容所だった。そこの看守たちの間では、シュワーベン訛りのこの小柄な男は、控えめで静かな気のいい囚人であり、けっして文句を言ったり、反抗したり、問題を起こしたりしない人物と思われていた。彼は毎日、ベルリンからの命令で作られた収容所内のささやかな工房で過ごしていた。ゲオルク・エルザーは何年か経つうちにヘビースモーカーになっていたが、煙草はここでは不足しがちな品だった。煙草を持っていることはいつでも使える現金を持ち歩いているのと同じだった。というのも、煙草はだいぶ前から収容所の非公式な通貨となっていたからだ。看守たちのためにゲオルク・エルザーは時折、自分の工房で本棚や椅子、引き出しや燭台などを作ってあげたのだが、彼らはそうした注文品の代金代わりに煙草で支払った。

喫煙がツィターの演奏と並んで彼に残された唯一の楽しみとなった。彼は不平をこぼすことなく自らの運命に従った。心を折られた孤独な男。ＮＳ権力者たちの思惑で「特別な用途」がまだあると見なされた囚人。いささか怪しい保護ではあったが、確かに特別な保護に浴していた囚人。それが彼だった。時には豪華な籠に閉じ込められた鳥になった気分に陥ることもあった。彼は通常の三倍の広さの独房とその中の小さな工房、そして他の収容者よりも良い食事を与えられ、しかも看守には彼を大切に扱うよう、指示が出されていた。しかしこの特別扱いには、他の収容者からの完全な隔離、ならびに独房に常時留まることを義務付けられた二名の看守による継続的な監視も含まれていた。

ゲオルク・エルザーはザクセンハウゼン収容所で最も厳しく監視されていた囚人だった。釈放の可能性もなく、未来もなく、外界から完全に遮断された囚人。たまに妹のマリアやエルザに書いた手紙にも返事は来なかった。彼が書いた手紙も彼に書かれた手紙も、ベルリンの国家保安本部に没収されていたのだ。

ファハナーは自分の新しい囚人が到着した日の午後、通常義務づけられているデータベース用カードを彼のために作る必要はなかった。他の著名な者たち同様、この囚人もロシア軍の進撃によりザクセンハウゼンからダッハウに移送されてきたのだ。「こいつはベルリンのゲシュタポの直接管理下にある」と親衛隊中佐から言われていた。だからこの男は特に注意して監視しなくてはならない、とのことだった。「こいつが何かしでかすということではないが、万一何かあればこちらの不祥事となって、ゲシュタポの怒りを買うことになる」

ファハナーには上司の心配はいくらか大袈裟に映った。収容所で毎日のように人が殺されている事実を考えると、皮肉とさえ思えた。ここでは人の命は、体制にとって何らかの形で利用価値が認められる場合にのみ、いくらか価値がある。たとえ将来の見せしめ裁判での悲劇的な登場人物としての役割であったとしても。保護拘禁囚用の独房に収容された囚人たちにはある共通点があった。それは彼らがまぢかな死の恐怖に慄《おのの》く必要がないということで、彼らのステータスが死のメカニズムの只中で彼らの当面の生存を保証してくれていたのだ。

ゲオルク・エルザーは、ザクセンハウゼン収容所でもそうだったが、ここでも独房の中に工房を設《しつら》えてもらった。日中、彼は収容所管理側のためにまた木工作業を行った。これまでとまったく同じように職人技を発揮し、職人として細心の注意を払った。

日が暮れると彼は自作のツィターを弾いた。その独房から聴こえる歌は、重くメランコリックな響きを帯びていた。ファハナーはときどき彼の方を向いて座り、肩越しに彼の演奏姿を眺め、ウィーンのメロディを楽しんだ。それは収容者と看守の双方にとって心に沁みる調べだった。二人の間で会話が始まり、音楽や楽譜の話題になることもあった。ファハナーは囚人に何冊か楽譜を手に入れることを約束した。話が政治に及ぶことはまれで、戦争について話すことも滅多になく、収容所の状況に関しては皆無だった。収容者であるゲオルク・エルザーはそれについて話すことは許されず、看守であるファハナーにも囚人たちとその話題を語ることは禁じられていたのだ。ファハナーはそのことを知ってはいたが、誰がこんな時代に服務規程を守るだろうか？　彼の同僚たちはいずれも生と死を司る立場であり、自分に委ねられた小さな領分を思いのままに支配していた。ファハナーはこの役割を過剰に活用する多くの同僚を知っていた。彼らは嬉々として「生ける悪魔」の役を演じ、自分たちの掟以外の掟を知らなかった。

収容所システムは彼らの残忍さや飽くなき破壊衝動を是認していた。個々の看守たちの容赦のない人間蔑視は、国家的なテロルの全体システムと完全に一致していた。ファハナーはこの殺人システムの一部だったが、殺戮のメカニズムに自ら進んで参加はせず、自身の担当する囚人たちを殴ったり苦しめたりしないことを通じて、自らの良心の痛みを繰り返し和らげようとしていた。彼は彼らに対して「人間らしく」振る舞うことを心がけた。でもはたして非人間的なシステムの中でそんなことが可能だったのだろうか？

あるときファハナーは、ゲオルク・エルザーのツィター演奏を聴き終えた後で、急に好奇心に駆られた。「ミュンヘンの暗殺未遂のことですが、あれは本当に一人でやったんですか？」。突然この問いが彼の口をついて出た。「誰の助けも借りずに？」

エルザーは板張りのベッドに腰を下ろした。「その通り、どっちみちどの調書にも載っているから言ってもいいだろう。自分一人でやったのさ。そうしなくてはならなかったのは、ヒトラーが昔も今もドイツを没落させる存在だからなんだ」

彼は立ち上がると独房の窓まで歩いた。そしてファハナーに向き直るとこう言った。「いいかい、僕は根っからの共産主義者なんかじゃない。それに大きなリスクがあることは自分でも分かっていた。でも今はこうしてここに座って、連中に処刑されるのを待っているんだ」

エルザーの両手が震えているのを見たファハナーは、一本の煙草を差し出した。エルザーは奪うようにしてそれを受け取った。それから彼はテーブルに戻って座り、その煙草に火をつけた。「君に質問したいことがあるんだけど」。そう言って彼はファハナーを驚かせた。「君はきっと知ってると思うんだけど、どれが楽に死ねるだろう？　ガス殺かな、それとも吊るし首、後頭部への銃撃？　つまり人が一番苦しまないのはどれだろう？」

動転したファハナーは言葉を探りながら言った。「でもエルザーさん、あなたはもうずいぶん長いこと、ここに収監されていて、周りから腫れ物に触るような扱いを受けているじゃないですか。だから何も起こりませんよ」

エルザーは相手を遮った。「何も言わなくていい。私の方がよく分かっている。もうそう長くは生きられないんだ」

ファハナーは黙って独房を後にした。そう考えるのももっともではないか？　この収容所では医学実験によって何千人もの人が死んでいるし、高官向け拘留施設からわずか数百メートルの場所では連日のように人が殴られ、拷問されて死んでいるのだ。しかしこうした恐るべき現実をファハナーは真正面から受け止めようとしてこなかった。残酷な日々の現実を抑圧し、意識の外へ押しのけていたのだ。しかしここ独房棟では彼は囚人たちと相対《あいたい》の関係を結んだ。彼らと話し、彼らの不安や憧れや希望と直面させられたのだ。彼が相手に見たのは匿名の囚人ではなく、一人一人の収容者だった。彼は内心では多くの者に敬意を抱いていたし、中には共感を覚える者もいて、ゲオルク・エルザーはその一人だった。その彼からの問い掛けはファハナーの心に響いた。

ファハナーは自分の執務室に戻った。そこで彼は、独房を去るときにエルザーが投げ掛けた言葉「私は良いことをしたと思っていた。今私はその結果を背負わなくてはならない」を考えていた。

ゲオルク・エルザーは「特別囚人」ブロックの大半の者と同様、恐れていた。終わりを迎えること、自らの最期への恐れだ。収容所当局は実際の戦況が囚人たちに知られないよう、あらゆる手段を講じていたが、次第に収容所でも多くの者がドイツの状況を知っていた。SS看守の一部の者が吹聴したのは、世界中の反対派司祭らが収監されているここの「司祭ブロック」の囚人たちの間に、収容所内レジスタンスの秘密ルートを通じて、戦争がもうじき終わる、アメリカ軍はダッハウのわずか一〇〇キロ手前の地点に迫っているといった情報が広まっているということだった。

囚人たちが恐れていたことがある。それは絶滅の痕跡を隠蔽するために、ＳＳが今度は大量殺戮を指示するのではないかということだった。ドイツの諸都市はとうに瓦礫と灰になり、「千年帝国」は日を追うごとに巨大な廃墟と化していった。ヒトラーと国民社会主義者たちは、ドイツ国内のみならず、ヨーロッパ全土で、何百万もの人々に悲惨さと苦悩と死をもたらした。国民の狂喜はすでに恐るべき死の舞踏へと姿を変えていた。

それにもかかわらず、今なお国民社会主義を狂信的に信奉する人々がいた。雨霰《あめあられ》と降り注ぐ敵機の爆弾のもと、勇気をもってこの狂気に公然と反対する「国民同志」を当局に密告し、それによって彼らを死の危険に晒そうとする人々だ。そのような信奉者たちが市庁舎や行政機関、警察署や裁判所に居座っていた。彼らはシュトゥットガルトやベルリン同様、シュヴェービッシェ・アルプ山地でも仕事に精を出していた。熱狂して歓呼する人々からなる民族が、幻滅し、アイデンティティを喪失し、不安に苛まれる人々からなる民族となった。しかし国民社会主義者たちは、あいかわらず救えるものは何とか救おうとしていた。それがここダッハウで具体的に意味していたのは、痕跡を跡形もなく消し去るということだった。

終戦直前の一九四五年四月五日、ベルリンの治安警察長官からダッハウ強制収容所の司令官宛に特急便（日誌番号四二／四五）が届いた。そこには以下の記載も含まれていた。

「……我々の特別保護拘禁囚エルザーに関して最高幹部に改めて具申があり、以下の指令が出された。ミュンヘンまたはダッハウ近郊への次回のテロ攻撃〔連合国による空襲のこと〕の際に、エルザーが巻き込まれて死亡したことにせよ。このため、そのような事態に至った場合は、エルザーを極秘裡に抹殺されたし。この件については責任を負うべきごく少数の者以外の知るところとならないよう配慮を願う。当職への執行報告は以下のような文面とされたい。『……［地名］に対する……［日付］の連合軍のテロ攻撃の折に保護拘禁囚ゲオルク・エルザー他が重傷を負い、死亡した』」

ダッハウではこの通りに司令が遂行された。

「これから尋問です」。四月九日の夜、ファハナーはゲオルク・エルザーを独房から連れ出すとき、彼にそう言った。

「何か持っていくものは？」とエルザーが尋ねた。急な要請に驚いたふうだった。

「いや、すぐに戻って来られますよ」。ファハナーは何も知らないふりをした。自分の嘘を分かっていた。数分前に一人のSS隊員から、エルザーを「尋問」に連れ出せとの命令を伝えられた。そのとき隊員がニヤリと笑って彼にウインクをしたのだ。ファハナーは、エルザーが殺されるのだと感じた。

戦争が終わり、ファハナーも強制収容所の看守として責任を問われ、服役することになった。彼はエルザーが最後に歩いて行く姿を覚えていた。

「彼は私たちによって電気柵沿いの道を引き立てられました。収容所のゲートを通過し、所内を横切って進むと、小さな鉄の扉が付いた石の壁の前に出ました。その後ろはクレマトリウムでした。目立たない建物で、そのクレマトリウムの守衛室に座っていた一人の親衛隊伍長が建物に入る者に声を掛けてきました。『一緒に来なさい』。そう言って彼らを処刑場に連れて行きました。この収容所では、処刑される者は全員、服を脱がねばなりませんでした。入浴するためだと説明されていました。そして囚人が裸になり、偶然背を向けた隙に、いきなり後ろから射殺されたのです。きっとエルザーも同じようにして殺されたと思います。

私自身はその場にいませんでしたが、所内ではそのことを話していました。私は親衛隊曹長のフリッツにエルザーの最期について訊いてみましたが、彼はエルザーが肉屋のフックに吊るされてクレマトリウムで焼かれたとしか言いませんでした。その後、エルザーが処刑された直後でしたが、そのフリッツ曹長が高官専用房の私のところに来て、エルザー手製のツィターを押収していきました。彼が廊下を歩いて行くのが見え、部屋を出るときに親指で弦を弾いていました」

一九四五年四月二九日、午後五時一五分頃。最初のアメリカ兵たちが、「ニューヨークタイムズ」紙の女性記者一名を伴って、ジープでダッハウ強制収容所の敷地に入ってきた。秘密裡に開かれた収容所委員会の委託を受けて収容所を脱出した囚人のカール・リーマーが、パッフェンホーフェン・アン・デア・ウムに駐留していた米軍のもとへ行き、ミュンヘンではなくダッハウに進撃するよう、米軍司令官を説得することに成功していたのだ。他の収容所から移送された者も含め、三万二三三名もの囚人がそこで苦しみからの解放を待っていた。

一九三三年から一九四五年までの間に、少なくとも三万一〇〇〇名がこの収容所で亡くなった。一九四四年一一月以降、何千人もの人々がチフスと飢餓に苦しめられた。四月二六日と翌二七日には、約七〇〇〇人の囚人がエッツタールアルプスに向かう悪名高い死の行進を強いられた。彼らはアルプス要塞の建設を命じられたのだ。「連合国の手に一人たりとも囚人を渡してはならない」というヒムラーの命令もあった。五つの「行進ブロック」に編成された七〇〇〇名の人々は、SSからの慈悲など一切見込めないことを知っていた。SSは、全収容者ともども収容所を破壊するという計画を中止した。その代わりにヒムラーから命じられた退避を指示したのだ。五つの「行進隊」に分かれて囚人たちは出発した。倒れて動けない者は射殺されたが、最後には多くの囚人が逃走することができた。ほとんどのSS隊員も逃げ出したが、中には敵を欺くために囚人服に着替えたまま捕まった者もいた。

何千人もの人々にとって、四月二九日は喜ばしい解放の日となった。しかしゲオルク・エルザーにとって、解放者たちの到着は二〇日遅すぎた。

エピローグ
ゲオルク・エルザー
イデオロギーなき男

たいていのドイツ人は自国の抵抗の戦士について、多くを知りたがらない。彼らの抵抗活動を通じて、自分たちが共犯者であった事実、つまり自分たちの怯懦《きょうだ》と日和見主義と無関心の罪が、白日の下に晒されるからだ。ゲオルク・エルザーのような人物は、ドイツの人びとに良心の痛みを突き付ける。もっともこれは彼らに良心があればの話だが。

およそ六四〇〇万の成人したドイツ人、これはゲオルク・エルザーの郷里であるバーデン・ヴュルテンベルク州の人口に相当する数だが、その人々が今もなお、アドルフ・ヒトラーについて好意的な見解を持っている。その他に五五〇〇万人がこの人物に対して肯定的でも否定的でもないと考えている。この男は一九三九年一一月八日にミュンヘンのビュルガーブロイケラーで起きたエルザーによる爆破暗殺事件を生き延び、ナチス政権の合計一二年の間にドイツの領土を最初はマース河まで、そしてさらにメーメル河を越えて拡大し、その挙句にこの国を壊滅させた人物であり、彼以前の誰にもましてドイツの人々をまずは歓喜の渦の中に引き込み、次いで苦悩の淵へと突き落とした人物である。雑誌

「デア・シュピーゲル」一九八九年三月号のアンケートによると、驚くべきことにヒトラーの死後四四年経ってもなお、ヒトラーおよび国民社会主義に対してかつて抱いたイメージの修正を拒むドイツ人は少なくないという。

ナチスの過去についてどちらにも解釈できる曖昧な答弁に終始する連邦議会議長〔一九八八年に辞任に追い込まれたフィリップ・イェニンガーのこと〕ならば、辞任を迫ることができる。しかしあいかわらず自分の考えに固執し妥協しない国民はどうしたものか？

「われわれは永遠に昨日の人間ではない」。一人の男がそう主張する。彼は逆説的に「共和党」を名乗る極右政党を率いる人物であり、かつて武装親衛隊の隊員であったと公言して憚らない。彼曰く「われわれは永遠に昨日の人間ではない。そうではなく、果てしなく続く明日の人間である」。〔一九八七年、極右政党レプブリカーナー党首フランツ・シェーンフーバーの言葉〕

そういうことなのだろう。この国においては、ナチス武装親衛隊員の名誉を回復すべきだと訴えれば票が集まるが、抵抗の戦士たちを顕彰しよう、では集まらないのだ。

ゲオルク・エルザーという人物をめぐるドイツのドラマの核心は、彼の暗殺が失敗したということだけではない。何よりもこの暗殺者の人物像が、右派左派のいずれの側にも、まさに衝撃的と言い得るほどに知られていない点である。戦後のドイツ国民はナチスに抵抗した戦士たちの大半に対すると同様、ゲオルク・エルザーの運命にも特段の関心を持つことはなかった。政治家たちの関心はそれに輪をかけて低かった。

しかしゲオルク・エルザーが無名であり続けた理由の一端は、歴史家たちのツンフト〔同職組合〕

が長きにわたって彼をゲシュタポと同じようなやり方で評価してきたという点にあるのかもしれない。ちなみにゲシュタポの考えは、単独の暗殺者などというものは金で買収されたか、気が狂っていたかのいずれかだ、というものだった。

実際にはゲオルク・エルザーは狂信者や変人などではなく、ごく普通の生活を送っていた、控えめな個人主義者だった。政治が日常性の枠を外れたり、イデオロギー的な妄想に走ったりするや否や、彼はそれに対する興味を失った。彼は政治を抽象的に理解することは一度もなかった。彼はドイツの現状は「今の指導部を排除することによってのみ変えることができる」と感じていた。指導部とはヒトラー、ゲーリング、ゲッベルスのことで、エルザーは彼ら「政権トップ」が排除された後により穏健な人物が現れて、他国の征服をもくろむのではなく、労働者階級の置かれた厳しい状況を改善してくれることを期待したのだ。「最高」指導部をターゲットとする暗殺。それが彼の行動の意味だった。

エルザーは工芸家具職人を自認し、質の高い作品のみを納入する、こだわりの強い知識豊富な人物だった。その彼が、一九三〇年代半ば以降は、品質を低下させる大量生産がスタンダードとなっていく時代の流れを目の当たりにせざるを得なかった。彼の政治的世界観のみならず、その仕事の概念さえも、国民社会主義によって断絶を余儀なくされたのだ。

ゲオルク・エルザーは敬虔主義の拠点であったヴュルテンベルク地方、オストアルプ郡の出身だった。並外れた正義感の持ち主という点で彼はまさしく敬虔な人物だった。彼はカトリック教会とプロテスタント教会の別を問わず礼拝に参加したが、それは祈りの中で心の平安と力を取り戻すためだった。教会は彼にとって瞑想の場だったのだ。暗殺の準備をしていた時期に彼はミュンヘンで足繁く教会を訪れていた。そこで彼は独り、神との対話を重ねたのだ。

ゲオルク・エルザーのような人物は自らの主人でありたいと願うものだ。彼の中には当時の国民的ヒステリーに雷同して、ともに熱狂するための前提など一切なかった。彼の政治的反骨精神、正義感、深く根を下ろした敬虔さ、そうしたすべてに彼特有の慎重さと豊富な知識が加わることで、一九三八年の秋から一年以上もかけて着々と暗殺を準備するに足るエネルギーが生まれた。この計画に先立って、とりわけ困難な決断があった。ふつう敬虔主義者は暴力による抵抗にきわめて強い疑念を抱くものだ。またいかに暴君とはいえ、その殺害は彼の宗教心が許す方策ではなかった。それにもかかわらずゲオルク・エルザーは暗殺を決意した。自身の信仰上の要請に反旗を翻して。人々の怯懦の大海の中で一刻さと正義感と勇気を貫いた一人の男、それがエルザーだった。

ゲオルク・エルザーを英雄として描くことはできない。彼の伝記は、ナチスのテロ体制に立ち向かった素朴で勇気ある男の物語である。あえて実行に踏み切った男。それがさまざまな伝説を生み出した。すでにミュンヘン検事局が一九四六年から一九五〇年にかけて、戦争末期のダッハウにおけるエルザー殺害の状況を解明するべく調査を行っていたにもかかわらず。検事局はゲオルク・エルザーにはいかなる依頼主もいなかったとの結論に達していた。このことは、親族への徹底した聞き取り調査だけでなく、特にベルリンの国家保安本部で作成されたゲオルク・エルザー尋問調書の分析によって明らかにされた。この調書は空襲で瓦礫の山となったライヒ法務省から発見され、現在はコブレンツの連邦公文書館に保管されている。次いで一九六〇年代末にもこの調書はミュンヘンの二人の歴史家、アントン・ホッホとローター・グルッフマンによって再び綿密かつ徹底的に調査された。その結果エルザーは、彼を病的な英雄主義者としたり、国民社会主義者たちに「買収された」エージェントにすぎないとしたりしたすべての試みに対して、ようやく名誉回復されたかに見えた。この二人の歴史家は一九七〇年に自分たちの研究成果を『暗殺者の自叙伝』（新装版、一九八九年）という書名で出版した。その前年にはテレビ映画『暗殺者』が制作され、何度か放映されている。したがって関心を持つ者であれば誰でも、とうの昔に、ゲオルク・エルザーが止むに止まれぬ自らの思いから、自らのリスクのもと、計画を知る者や支援する者の助けを一切借りずに行動したのだと確信することができていたはずである。それなのにエルザーがゲシュタポから依頼されて暗殺を行ったなどという謬見《びゆうけん》が今もなお残っているはなぜなのか。

たしかに国民社会主義者たちは一度もエルザーを裁判にかけなかった。そうする代わりに彼を「特別囚人」としてザクセンハウゼンやダッハウの強制収容所に移送していた。NS指導部は終戦後にエルザーを見せしめ裁判に使うことを計画していたのだ。ドイツ軍によってロンドンが「解放された」あかつきに、総統暗殺へのイギリス情報機関の関与を糾弾するためのプロパガンダ法廷をその街で開くことが予定されていたのだ。それで特別囚人エルザーは、収容所で何年もの間、例外的な特権に浴していた。まぢかに迫る敗戦のせいでこの見せしめ裁判が夢物語となった一九四五年四月九日、エルザーは「最高権力者の命令により」ダッハウ強制収容所で処刑された。したがってミュンヘンとベルリンで行われた尋問がどのような最終結果に至ったのかは、終戦後も長らく不明のままだった。

囚人仲間たちですら、小柄で無口なそのオストアルプ出身の男のことを理解していなかった。一九四五年に収容所が解放された後、運よく生き延びることができた彼らがエルザーについて語ったことは、どこの刑務所でも見られたことだが、明らかに仄めかしや相手の質問へのはぐらかしを根拠として練り上げられた噂や推測の混合物でしかなかった。マルティン・ニーメラー枢機卿〔説教でナチスの安楽死作戦を批判し、公式的な作戦中止に追い込んだ人物〕でさえ、エルザーはゲシュタポに唆《かどわか》されて犯行に及んだとの自説を公表したことについて、自分は当時、単なる噂とそれによって形成された世論に従ってしまったと認めざるを得なかった。

遅くとも検事局による調査が完了した一九五〇年、あるいはミュンヘンの二人の歴史学者ホッホとグルッフマンによる大規模な研究活動が終わった一九七〇年には、ゲシュタポに「買われた手先」エルザーという仮説は終息しているはずだった。にもかかわらず憶測と疑念、そして伝説が残ってしまった。

エルザーは他の庶民階級出身の暗殺者たちと同じ運命をたどった。ナチスに対する抵抗者といえば今でもシュタウフェンベルクら七月二〇日事件の男たちが真っ先にイメージされる。そうした完全に一面的なイメージからは小さき人々、名もなき民衆による抵抗は零れ落ち、忘れ去られてしまう。彼は七月二〇日事件の偉大な抵抗者たちの傍にひっそりと佇む、無教育の素朴な家具職人に過ぎないのか？

ヨアヒム・フェストは（ほぼすべてのヒトラーの伝記作家と同様に）この名もなき「独行者」について書いているが、エルザーの政治的動機については確言していない。また、左翼の抵抗神話にもゲオルク・エルザーの居場所はない。党員である共産主義者の中には、彼を小市民的アナーキストの原型と見なす者もいるかもしれないが、そのような者は党の検閲によって弾かれてしまう。

では、ゲオルク・エルザーをどこに分類すべきか？　彼はドイツの保守的・民族主義的な「抵抗貴族」ではなく、組織化された共産主義者の抵抗にも属さず（彼の犯行動機のひとつは、エルザーが「赤色前線戦士同盟」で身をもって経験した労働者組織の痛ましいほどの受動性だった）、労働組合や教会の反対派にも含まれない。ではこの独行者をどこに帰属させればいいのか？

ロンドンの文学史家ジョセフ・ピーター・スターンは、一九七八年に刊行された『ヒトラー総統とその臣民たち（Hitler-the Führer and his People）』の中で、ゲオルク・エルザーをヒトラーの「真の敵対者」、「イデオロギーなき男」と呼んだ。ドイツの抵抗者のギャラリーで彼は今、ようやく末席に陣取るに至ったが、それもここ数年のことだ。私たちの国の学校教科書でゲオルク・エルザーの名を探そうとしても、徒労に終わることになる。

ロルフ・ホーホフート作
ヨハン・ゲオルク・エルザー

目立たぬように処刑せよ、次の空襲に紛れるように
終戦間際にダッハウに届いたゲシュタポの書簡
強制収容所のクレマトリウムでエルザーは
一九〇三年にヘルマリンゲンに生を享けたエルザーは
おそらく扼殺されたか　あるいは銃殺されたか
今は年金暮らしの目撃者たちは口を閉ざす
それは当人が殺害者だからだ……

ヒトラーの世界戦争に先立つこと一一か月
エルザーは爆薬を盗んだ
補助作業員として雇われた採石場から
ヒトラーに劣らぬ断固たるドイツ人だ
一年後には拷問を受け　厳しい尋問に心を砕かれ
自らの行為を神に咎められたように思い込むも

屈することなく同じ動機を繰り返した

平和か、それともヒトラーか！　全体主義の時代のヴィルヘルム・テル
異口同音に彼を密告する民衆のなかで最も孤独だった男
なぜなら民衆は愛飲するビールのように総統を愛したからだ
恋人との添い寝のごとくに
それどころかヒトラーが戦前のミュンヘンの住人の五〇倍の人々を
墓穴へと投げ落とし　灰の山に積み上げ　三〇万人を魚たちの餌食としたとき
民衆がいよいよ彼を愛したからだ

国防軍が敵国に襲いかかる四週間前
エルザーはビアホールに忍び込み（そこは毎年総統が共犯者たちを唆した場所だ）
ホールを支える支柱から最初の煉瓦をほじくり出して
爆薬を詰める隙間を作った
柱の前に延べ三四夜も跪き
両膝に滲む血が彼の犯行を暴き立てた
懐中電灯の明かりをハンカチで絞り

掘り出した石屑と煉瓦を　鞄に詰めてイーザル河に運んだ
爆発の三日前には
時計のムーブメントと起爆装置をセットした
警察は彼にそんなことができるとは思わなかった
拘留中の彼が時限爆弾を再現して見せるまでは
彼は犯行現場に四〇回も忍び込み、
その度に教会を訪れて心の平安を求めた……

シュワーベン出身のこの男は村の学校に七年通い
最優秀の成績で家具工房の徒弟となった
同好会では音楽に興じ　四種の楽器を弾きこなし
女性たちに愛され　未婚の父となった
故郷を発つ前には　チェロを売らねばならなかった
四〇〇マルクが必要だったのだ
「ビュルガーブロイ」では夜警の飼い犬を手懐けようと
毎日食堂で食べる昼食の肉を残しておいて
犬小屋まで運んだ

スイスに逃れようとしたとき　そのポケットには一〇マルク残っていた
妹から三〇マルクもらったが
その金で彼はミュンヘンに戻った
時計の様子を点検するためだった……
コンスタンツで捕まったあと　ラジオでヒトラーの演説を聴いた

総統は事前にホールを去っていた　わずか一一分の差だ！
ナチ党員七名死亡　もう一人はウェイトレス
六〇名が重軽傷　六〇年が過ぎてなお
エルザーの項目が載った百科事典はない！
ようやくミュンヘンと彼の故郷の村に　エルザー通りができた
この国民は自由を愛する
しかし自由のために身を挺した人々を愛しはしない

出典：Rolf Hochhuth, *Die Berliner Antigone. Prosa und Verse*（Hamburg 1971）

原著者あとがき
ゲオルク・エルザー
イデオロギーなき男

ドイツの抵抗の戦士たちを展示するギャラリーで、ゲオルク・エルザーは長い間、影の存在だった。四歳上のフォン・シュタウフェンベルク伯爵とは異なり、国家によって美化された英雄という役割に彼はふさわしくなかった。シュタウフェンベルクは高等教育を受けた将校で、初めのうちこそナチス政権の掲げた約束を信じて精力的に協力していたが、後に転向し、その後は決然と行為に及んだ人物である。それに対しエルザーは頑固で控えめな家具職人だった。しかし国民学校出のこの「目立たぬ男」は、シュタウフェンベルクや他の数千万のドイツ人がなおも総統に喝采を送っていた一九三九年の段階で、すでに政権の残忍な性格を見抜き、総統暗殺の決意を固めていたのだ。

シュタウフェンベルクは最初、一族の数世紀に及ぶ伝統をそのまま踏襲する形で、自身を一兵士と理解していた。後にナチズムへの熱狂をことごとく喪うことになるが、彼は終生、議会民主制に対しては軽蔑しか感じていなかった。倫理に対する彼の理解は、カトリックの教えや貴族的な名誉規定、古代ギリシアのエトス、ドイツロマン派文学などからなる多層的な集合体であった。爆弾でヒトラーを殺すという彼の大胆な決心は、倫理的というよりむしろ軍事的な考察の表れであった。偶然に助けられてヒトラーが生きながらえたこと、共犯者たちが絶望的状況に陥ったこと、シュタウフェンベルクが即座に処刑されたこと——それらはいずれも底知れぬ悲劇であった。畢竟、シュタウフェンベルク伯爵は勇気ある愛国者ではあったが、同時に民主主義の容赦なき敵対者でもあったのだ。

このこととの関連で興味深いのが、最も名望ある歴史家の一人とされ、ほぼ四〇年間にわたってドイツのナチズムと取り組んでいるイアン・カーショーの発言である。彼は著作『ナチ・ドイツの終焉 1944―45』(白水社、二〇二一年)との関連で、一九四四年七月二〇日のヒトラー暗殺失敗が少なくとも当面の間、むしろナチス政権の強化に寄与したと述べている。「国民の間にはヒトラー人気の明らかな上昇が見られた。多くの個人的な記録から読み取れるように、襲撃によるショック効果は絶大であった。しかしさらに重要なのは、その後、国防軍内で将校クラスの人々が粛清されるに至ったことである。信用できないと見なされた人々の後釜には忠誠心の権化のような面々が据えられた。これにより、さらなる抵抗の芽がことごとく摘み取られる結果となった」(カーショー)(「シュピーゲル」誌、第四六号、二〇一一年)。

ナチスのプロパガンディストたちによって、失敗に終わったヒトラー暗殺の試みが、総統の不死身さをアピールし、その「予知能力」神話を補強するために徹底活用されたという事実は歴史的に証明されている。秘密国家警察(ゲシュタポ)と特別裁判所が、すべての関係者や容疑者の徹底的な追跡、逮捕、殺害に尽力したのであるが、こうした運命は有名無名を問わず、関与したすべての者に共有された。ミュンヘンでの暗殺失敗後には、シュヴェービッシェアルプのかなり高地に位置するゲオルク・エルザーの故郷ケーニヒスブロンでも、ナチスの捜査官たちによって、暗殺計画を支援した、あるいは事前に知っていたとされた人々が監視された。そのため戦後になるまで、いや、さらに下って一九七〇年代半ばに至るまで、エルザーは無条件に賞賛される人物というわけではなかった。当時「この件とまったく関わりのなかった人たちも引きずり込まれた」という点のみを理由にして、彼の行為をほとんど理解しようとしない人も大勢いた。賞賛する者もいれば、批判する者もいたのだ。第二次世界大戦が終わり六〇年を経ても、両者は宥和しがたく対立している。

疑いなくゲオルク・エルザーは解決すべき難問であった。彼の郷里だけでなくドイツの世論にとっても。彼は、庶民出の素朴な男が世界史的な行為へと自分を駆り立てることができることをはっきりと示した。彼はナチス国家の恐怖支配に対してはなすすべがなかったのだという、延々と重ねられた言い訳に対して引導を渡した。彼の行為は多くのドイツ人を恥じ入らせたのだ。

そのような男に対する公的な承認はどのようなものになり得ただろう？　エルザーを自分たちのために利用できるイデオロギー的なロビー（陳情団体）はなかった。左派は彼の動機に自分たちを重ね合わせることができなかったし、宗教人も同様だった。愛国的な保守派にとっても、内向的な独行者であった彼は疑わしい人物にとどまった。想起には想起を行う集団が必要である。貴族や軍人、社会民主主義者、共産主義者、教会関係者による抵抗運動は、それぞれ貴族集団、軍部、政党、教会によって想起され、記憶される。ではエルザーはどこに分類されるのか？

一九八〇年代に入ってもゲオルク・エルザーはなかなかドイツの学校の歴史教科書に記載されるに至らなかった。ミュンヘンでは、エルザーの行為について、市当局が顕彰を決めるまで四〇年以上にわたって激しい議論が交わされた。しかし状況は変化した。今ではドイツ中の五〇を超える通りや広場、学校がエルザーに因んで命名されており、二〇〇三年にはドイチェ・ポストによってゲオルク・エルザー記念切手まで発行された。彼の出生地は二〇一〇年以来、鋼製の記念碑で彼を想起させている。それは高さ二・一〇メートルでシュワーベン地方のその小都市〔ヘルマリンゲン市〕の駅前に立っている。またベルリンの官庁街では、シュプレー河畔の「追憶の道」にエルザーの胸像が、トーマス・マンやエーディット・シュタイン、殺害されたワイマル共和国外相ヴァルター・ラーテナウといった面々と並んで立っている。そして二〇一一年一一月には、高さ一七メートルの彫刻がかつての官庁街の真ん中、ヴィルヘルム通りに面した場所に設置された。これはエルザーの顔の輪郭を象《かたど》った鋼材にチェーン状の電飾を施したものである。小説家ロルフ・ホーホフートを中心とする企画グループの意図するところは、このシルエットがかつてのアドルフ・ヒトラー総統防空壕の傍らで「加害者たちの現場」を見据えるようにして佇立するというものである。エルザーを知らない通りすがりの通行人も、小さな碑銘によってここで誰が顕彰されているかを知ることができる。カーブするネオン管がつけられたこの「記念碑」はいくらか広告めいてはいるが、じっくり見ればそこに人の顔が見えてくる。ゲオルク・エルザー。隠棲者、独行者であり、自らの正義感にのみ従った男は、ここでも前面にしゃしゃり出ることはない。

今では「不気味なゲオルク・エルザー追悼の風潮」に対する批判の声さえ上がっている。批判者たちが非難している点は、エルザーが人々にとって自己同一視の可能な人物として打ってつけであるのは、例えばエリート将校だったシュタウフェンベルクや保守派の叛乱者カール・フリードリヒ・ゲルデラー、あるいは「赤いオーケストラ（Rote Kapelle）」のような共産主義者の抵抗組織メンバーたちよりも、彼の方が「はるかに容易に自己像の確認」に役立ちうるからだということである。批判者によれば、それゆえエルザーはナチズムに対するあらゆる遅すぎた批判を投影する理想的な対象として役立ち、すべての「時代精神に合致した善人たち」のお手本として打ってつけの人物とされる。まるでエルザーと彼の行為を支持するだけですでに勇気ある態度でもあるかのように。

しかしそういう批判によってゲオルク・エルザーの名誉はいささかも損なわれない。文学史家・歴史家のジョセフ・ピーター・スターンはかつて、エルザーを「イデオロギーなき男」と呼んだことがある。これに付け加えるべきことは何もない。

フランクフルト、二〇一六年春

訳者あとがき

今から八三年前の一九三九年一一月八日の二一時二〇分ちょうどに爆発は起きた。ゲオルク・エルザーがミュンヘンのビアホール「ビュルガーブロイケラー」の二階席の柱を刳り抜いて仕掛けた「地獄の装置（時限爆弾のこと）」は設定時刻どおりに炸裂した。その晩そこでは一九二三年のミュンヘン一揆の際に斃《たお》れた同志たちを偲ぶ恒例の追悼記念式典が行われ、ヒトラーの演説を聴きに集まった「古参闘士たち」で溢れかえっていた。爆弾の威力はすさまじく、爆風の直撃を受けたり崩落した天井や柱の下敷きとなったりして七名が即死、重傷を負ったもう一人もその後亡くなった。重傷者一六名を含め負傷者六三名の大惨事となった。

しかし暗殺の本来のターゲットであった演説者ヒトラーも、一階席の最前列に座っていたナチス幹部たちも、もうホールを出た後だった。濃霧で専用機が飛べなくなり、ベルリンでの次の予定のために専用車両を連結した急行列車で戻ることになったのだ。毎年、ヒトラーはこの式典での演説を彼の「運動」の最初期から説き起こし、徐々に党勢を拡大することで一九三三年の政権獲得に至った経緯について、二時間ほど熱弁を奮うのを常としていた。しかしこの晩はそれをだいぶカットして、代わりにイギリスをさんざん罵倒して一時間足らずで演説を切り上げ、幹部たちとともに会場を後にしていたのだ。ヒトラーたちの異例の早期退場に気づかずビールを飲んだり、話し込んだりしていた者も多く、犠牲となったのはそうした「古参闘士」やビアホールのスタッフたちだった。一三分の差で命拾いしたヒトラーについては、「神意」に守られた総統という神話が作り上げられることとなる。

同日の二〇時四五分ごろ、まだヒトラーの演説がラジオで同時中継されている最中に、ゲオルク・エルザーはスイスとの国境の街コンスタンツで税関職員に逮捕される。後にゲシュタポの尋問で犯行動機を問われ、「戦争を回避したかった」と供述したこの男は、腕のいい家具職人だった。大半の国民がヒトラーに熱狂していた一九三八年の秋頃から、彼はヒトラーを首班とするナチス政権の犯罪性を見抜き、政府が新たな戦争を準備しており、これを放置すればドイツならびに世界は大破局に至るという確信を抱くに至った。

本書は『ヒトラーの裁判官フライスラー』（白水社、二〇一七年）や『国家が人を殺すとき　死刑を廃止すべき理由』（日本評論社、二〇一九年）の著者であるジャーナリスト、ヘルムート・オルトナー氏によるヒトラー暗殺未遂犯ゲオルク・エルザーの評伝である。原題は Der einsame Attentäter: Georg Elser - Der Mann, der Hitler töten wollte（孤独な暗殺者ゲオルク・エルザー――ヒトラーを殺そうとした男）で、これまでに英語、米語、スペイン語、オランダ語、ポーランド語、イタリア語、ポルトガル語、トルコ語など多数の言語に訳されている。邦訳に際しては二〇一三年刊行の版を底本とした。

ドイツのエルザー研究機関であるゲオルク・エルザー作業部会ハイデンハイム（Georg-Elser-Arbeitskreis Heidenheim）のサイトには、さまざまな情報に加えて、エルザーに関する主要な研究書や評伝が年代順にリストアップされている。時期の早い刊行物の中には内容が古びてしまったものも少なくないが、オルトナー氏の本書（初出は一九八九年）は、エルザー研究の最新状況に照らしても矛盾しておらず、読むに値する書籍であると紹介されている。ドイツ社会にエルザー評価の流れを作った何冊かの本の一冊という扱いである。

ヘルムート・オルトナーは周到な調査と存命中の関係者へのインタビューに基づいて、独り敢然と国民社会主義（ナチズム）に対峙したこの人物の生涯を詳細に再現している。大多数のドイツ国民がプロパガンダに幻惑され、ヒトラーを熱狂的に支持していた時期に、なぜ彼は目を眩ませられなかったのか？　仕事熱心な一刻者の家具職人は、どのようにしてナチス政権の犯罪性を見抜くことができたのか？　暴力を嫌い、楽器のツィターと女性たちを愛したこの物静かな職人は、ヒトラーとナチス政権の暴力を押しとどめるには彼らを暴力で排除するしかないという確信をいつから抱くようになったのか？　本書は一人の英雄の歩みを描いた物語ではない。確実に自らの死を招くであろう行為を引き受ける勇気をもった、一人の実直な職人の物語である。

オルトナー氏は本文の最後の箇所で「ドイツの抵抗者のギャラリーで彼は今、ようやく末席に陣取るに至ったが、それもここ数年のことだ。私たちの国の学校教科書でゲオルク・エルザーの名を探そうとしても、徒労に終わることになる」と書いているが、それはエルザーが戦後長きにわたってドイツ国民から無視され続けた時期のことを指している。ナチス政権に抵抗した人々の中で、貴族階級出身の軍人やキリスト教関連の抵抗者たちは戦後しばらくして復権し、称揚されることになったが、庶民階級の職人エルザーや、共産主義者との関係が取り沙汰された「赤いオーケストラ」のメンバーたちについては、「勇気ある抵抗者」としての妥当な評価を受けるまでにかなり時間がかかったのだった。

しかしその後、ドイツの状況は一変し、今ではほとんどの学校の歴史教科書でエルザーの行動が詳しく紹介され、学校や通り、広場が彼に因んで命名されるに至っている。ドイツ中のエルザーゆかりの地には記念碑や銘板も設置されている。一例を挙げると、ベルリンには鋼鉄を曲げてエルザーのプロフィール（横顔）を表した高さ一七メートルのオブジェがあり、夜間には顔の輪郭線に仕込まれたネオン管が光り、エルザーの顔が闇の中に浮かび上がるようになっている。エルザーの出生地であるヴュルテンベルク王国（現バーデン・ビュルテンベルク州）ヘルマリンゲンの市庁舎広場には、中心部が刳り抜かれたようなコンクリートブロックと、その中心部から取り外されたかのように少し離して置かれた木製ブロックからなる記念オブジェが設置されている。夜毎ビアホールに忍び込み、柱の羽目板を外して中の煉瓦を刳り抜き、爆弾を仕掛けたエルザーの行為を模したとも、頑迷な当時のドイツ社会から排斥された家具職人の姿を暗示したとも解釈することができるだろう。

ベルリンの旧国防軍司令部の建物に一九六八年に開設されたドイツ抵抗記念館（Gedenkstätte Deutscher Widerstand）でも、大幅なリニューアルを経て二〇一四年から、一九四四年の七月二〇日事件（軍部によるヒトラー暗殺未遂・政権転覆の試み）のクラウス・フォン・シュタウフェンベルクらやクライザウ・サークル、赤いオーケストラのメンバーたちと並んで、ゲオルク・エルザーが抵抗の戦士として展示されている。そのコーナーではエルザーの等身大写真パネルが来館者を迎えてくれる。

政治家からのエルザー評価も、故ヘルムート・コール氏が首相在任時の一九九四年に七月二〇日事件五〇周年の折の演説でエルザーに触れたのを皮切りに、歴代の首相、大統領による言及が相次いでいる。紙幅も限られているので、ここではシュタインマイヤー現大統領が二〇一九年一一月四日に、前述したヘルマリンゲンのエルザー記念オブジェの除幕式に招かれた際に行った演説を紹介したい。

大統領はまず、戦後ドイツでナチス政権に抵抗した人々の評価が遅れたこと、中でもエルザーの評価が遅きに失したことに言及した。そして多数の一般市民を巻き込んだ暗殺未遂がエルザー当人を最後まで苦しめたこと、しかし戦争に邁進するナチスの狂気を押しとどめる手段が暴力による強制的な排除しか残されていなかった当時の状況下では、エルザーの苦渋の選択は許されるべきであるとし、さらにほんの一握りの抵抗者たちの勇気ある行動が戦後ドイツで国民の抵抗権という考え方に結実したとまで語っている。

「抵抗した側の人々の間でも、暴君殺害の倫理的正当性を疑問視する声があり、それについての議論がなされました。例えばヘルムート・イェームス・グラーフ・フォン・モルトケ〔一九〇七年－一九四五年。ドイツの法律家、反ナチス組織クライザウ・サークルの中心人物。ゲシュタポに逮捕され、その後処刑された〕とディートリヒ・ボンヘッファー〔古プロイセン合同福音主義教会の牧師。ヒトラー暗殺計画に参画し獄中死した〕の間で激論が交わされたのです。モルトケは暗殺計画に反対しました。それに対してボンヘッファーは賛同し、さらに支援までしてしまいました。彼はそうした状況が孕む倫理的なジレンマからは逃れるすべがないことを自覚していました。行動すれば暴力行為の責任を負い、行動しなければ犯罪を放置することになり、それゆえやはり責任は免れません。

このジレンマは解消不能なのです。暗殺未遂による八名の死者は、確実にエルザーの良心にとって大きな重荷となったでしょう。彼の尋問調書からそれが読み取れます。しかし彼は結局、この責任を自らに引き受けました。彼は自らの行為を行ったのです。ゲオルク・エルザーとして。責任を引き受けるという表現はディートリヒ・ボンヘッファーにも見出すことができます。二人とも、ナチス体制の恐怖支配と暴力には、もはや他の方法では対抗できないと考えて行動を起こしたのです。

私は法律家でもあるので、もう一つだけ付け加えさせてください。それはこの二人が私たちに示したような例に対して、私たちの憲法も配慮しているということです。ドイツ基本法に抵抗権が盛り込まれているのは、ゲオルク・エルザーという先例があったからなのです。『すべてのドイツ人は、我々の自由で民主的な秩序〔基本法では「この秩序」〕を排除しようと企てる何人《なんぴと》に対しても、他の救済手段が可能でないときには抵抗権を有する』。『他の救済手段が可能でないとき』という文言がありますが、法治国家ではなく、選挙も行われず、報道の自由も思想の自由もなかった全体主義の独裁国家において、他の救済手段があり得たでしょうか？　当時の暴力支配においては、体制への自発的な恭順さが求められ、それに対する逸脱や拒否がことごとく迫害や拷問、殺害によって封じられていたのです。そのような状況下でいったいどのような救済手段が可能だったというのでしょう？　私たちの国にこの基本法第二〇条第四項があるのは、とりわけもう一人の男性のおかげです。彼もまた多くの勇気を奮い起こさねばならず、周囲から拒絶され、仲間外れにされました。社会および司法界の多数派の考えに逆らって、ナチス支配からほぼ二〇年後にアウシュヴィッツ裁判を実現させた、フリッツ・バウアーのことです。彼はブラウンシュヴァイク市の検事長として、早くも一九五〇年代はじめに、ドイツ人の抵抗者を中傷者たちから守るために奮闘しました。彼もまた、正直で孤独で勇敢な人物でした。まさしくゲオルク・エルザーと同様に。

ゲオルク・エルザーは二〇世紀の歴史における、きわめて偉大な人物です。にもかかわらず彼は長い間、あまりにも長い間、ほとんど想起もされないままでした。この国、ドイツはゲオルク・エルザーを正当に評価し、彼に敬意を払い、感謝する責務を負っているのです」

現在ドイツではエルザー関連の書籍が多数出ており、エルザーに関しては多くのことが明らかになっているが、日本語で読むことのできる文献は残念ながら少ない。ナチス時代の抵抗運動やヒトラー暗殺計画を扱った書籍は多いものの、エルザーに触れているものは限られている。ペーター・シュタインバッハ／ヨハネス・トゥヘル著、田村光彰ほか訳『ドイツにおけるナチスへの抵抗１９３３―１９４５』（現代書館、一九九八年）は優れた本であるが、エルザーについての記述は数ページに留まっている。トゥヘルはドイツ抵抗記念館の館長、シュタインバッハも同館の学芸主任であり、エルザーを正面から扱った共著も出しているので、こちらも邦訳が俟たれるところである。グイド・クノップ著、高木玲訳『ドキュメント ヒトラー暗殺計画』（原書房、二〇〇八年）は「第１章　孤高の英雄」でエルザーとその行動を細かく紹介している。對馬達雄著『ヒトラーに抵抗した人々―反ナチ市民の勇気とは何か』（中公新書、二〇一五年）でもエルザーについての記述が多い。最近刊行された書籍では、エルザーに「上海天長節爆弾事件」の抗日抵抗運動家、尹奉吉を対置した田村光彰著『抵抗者 ゲオルク・エルザーと尹奉吉（ユンボンギル）』（三一書房、二〇一九年）がたいへん啓発的であり興味深い。

オルトナー氏は本書の執筆にあたって、Rainer Erler 監督のテレビドラマ『Der Attentäter（暗殺者）』（Bavaria Film GmbH, München 1969）からも示唆を得たとしている。逆に氏の本作その他から示唆を得た映像作品としては、オリヴァー・ヒルシュビーゲル監督の『ヒトラー暗殺、13分の誤算』（二〇一五年）が日本でも公開されて話題となった。ぜひ視聴されたい。

最後に本書の刊行が予定を大幅に超過したにもかかわらず、忍耐強く待っていただいた原著者ヘルムート・オルトナー氏、いつも鋭い指摘と貴重な助言を頂く白水社の藤波健氏、そして原著者も毎回新たなカバーデザインを楽しみにしておられる装丁家の日下充典氏の各氏に、こころより感謝申し上げます。

二〇二二年八月

須藤正美

補遺

年譜

1903年	ヨハン・ゲオルク・エルザーは 1月4日にハイデンハイム郡ヘルマリンゲンで、 材木商のルートヴィヒ・エルザーとマリア・エルザーの 4人きょうだいの長男として生まれる。
1904年	一家は同郡のケーニヒスブロンに引っ越す。
1910-1917年	エルザーはケーニヒスブロンの国民学校(小学校)に通う。
1917-1919年	ケーニヒスブロンの鉄工所で旋盤工の見習いを始めるが、 健康上の理由で見習いを中断する。
1919-1922年	ケーニヒスブロンで家具職人の見習いとなる。
1922年	ハイデンハイムの職業訓練校で職人試験に首席で合格。 親方の家具工房で職人として働く。
1923年	アーレンの家具工房で家具職人として働く。
1923年秋	エルザーはインフレの影響で仕事を辞め、 部屋と食事を提供してもらう代わりに、 両親の林業と農作業を手伝う。
1924年夏から1925年春	ハイデンハイムの家具工房で働く。
1925年2月	エルザーは放浪の旅に出て、ベルンリートで家具職人として働く。

1925年8月〜1930年春	コンスタンツの時計工場「オーバーライン時計工房」で 家具職人を務める。
1928-1929 年	赤色戦線戦士同盟に加入。
1930年	コンスタンツの民族衣装協会「オーバーラインターラー」に入会。
1930-1932年	ボーデン湖畔メーアスブルクの時計工場で家具職人を務める。
1932年春	会社の和解手続により解雇される。
同	ケーニヒスブロンに戻り、母親の農作業を手伝う。
1933年	ケーニヒスブロンの音楽同好会に入会。
1936年	国防軍の事務机などを製造するケーニヒスブロンの家具工房で働く。 エルザーは時給が低すぎるとして辞める。
1936年12月〜1939年3月	ハイデンハイムの部品工場で働く。 最初は鋳物工場の補助作業員として、 次に配送部門で入荷材料の検査員として働く。 そこで彼は軍需品を生産する会社の「特殊部門」を 知ることになる。
1938年秋	ズデーテン危機の中、 エルザーはNSDAP指導部に対する攻撃の実行を決意する。
1938年11月8日	ミュンヘンを訪れる。自身の計画のために 現地の状況を調査するべく、 中心街やビュルガーブロイケラーでのさまざまなイベントに 傍観者として参加。
1939年4月	ケーニヒスブロンの採石場で補助作業員として働き、 雷管を入手する。
1939年5月	労働事故に遭い、左足を骨折。 療養中に時計ムーブメントと起爆装置を連携させる 技術上の問題に取り組む。実家の果樹園で爆薬の実験を行う。
1939年7月	「地獄の装置(時限爆弾)」の設計を完了する。
1939年8月	ミュンヘンのブルーメン通り19番地に転居、 後にテュルケン通り94番地に移転。

1939年9月〜11月	エルザーはビュルガーブロイの2階席で 30夜ないし35夜にわたって、 演台の上方の柱に爆弾を埋め込む準備をした。 昼間はずっと時限爆弾の設計をした。 これに必要な部品を複数の工房で作らせた。
1939年11月1日	柱を刳り抜いてできた空洞部分に爆弾を設置。
1939年11月2日	残りの黒色火薬、弾薬筒、雷管、ライフルの弾薬を 柱の空洞に詰め込む。
1939年11月5日	ビュルガーブロイホールでのダンスイベントに参加。 その後、爆破装置の埋め込みを完了し、 時計の起爆時刻を1939年11月8日21時20分に設定。
1939年11月6日	シュトゥットガルトの妹を訪ね、所持品を委ねる。
1939年11月7日	ミュンヘンに赴き、爆薬と時計ムーブメントの状態を点検する。
1939年11月8日	コンスタンツへ移動。
20時45分	ヴェッセンベルクの孤児院の庭で逮捕される。
21時20分	時限爆弾の爆発。
22時00分	エルザーはコンスタンツの国境警察に連行され、 その後ミュンヘンに護送される。
1939年11月13〜14日	エルザーはネーベ(刑事警察長官)および フーバー(親衛隊中佐、政府顧問、刑事捜査官)の立会いのもと、 犯行を全面的に自供する。
1939年11月14日	ベルリンのゲシュタポ本部へ護送。
1939年11月19日〜23日	尋問。
1939-1944年	ザクセンハウゼン強制収容所に特別囚人として収監される。
1944年末-1945年4月	ダッハウ強制収容所の特別囚人用ブロック(ブンカー棟)に 移される。
1945年4月5日	ヒムラーによる「保護拘禁囚」ゲオルク・エルザーの殺害指令。
1945年4月9日	ゲオルク・エルザー殺害される。

出典および文献一覧

著者である私が本書において試みたのは、ゲオルク・エルザーの生涯をドキュメンタリー作家と物語作者の両方の視点から、可能な限り正確に描き出すことだった。会話体が用いられている箇所は、人物たちの思考や感情の描写と同様に、著者の想像に基づくものである。フォントを変更した部分はすべて原資料からの引用である。

現代史上の人物とゲオルク・エルザーの家族たちの名前を除き、個人情報保護の観点から、人名はすべて一部変更したり仮名を使用したりしている。

ゲオルク・エルザーの生涯と彼が生きた時代を再構成するために、私は多数のアーカイブ資料、論文、書籍を利用した。特に執筆の助けとなった書籍や資料を以下に紹介したい。

Albrecht, Ulrike: *Das Attentat. Über Georg Elser und das Attentat auf Hitler im Bürgerbräukeller am 8. November 1939*.1923年11月のヒトラー一揆に関するヘルマン・ヴィルヘルムの前書き付き（München 1987年）

Antoni, Ernst: *KZ-von Dachau bis Auschwitz*（Frankfurt 1979）

Davidson, Eugene: *Wie war Hitler möglich?*（Rastatt 1987）

Domarus, Max: *Hitler, Reden und Proklamationen 1932–1943*（München 1965）

Fest, Joachim C: *Hitler-Eine Biographie*（Berlin 1973）〔ヨアヒム・フェスト『ヒトラー』上下巻、赤羽龍夫訳、河出書房新社、1975〕

Graml, Hermann（Hrsg.）: *Widerstand im Dritten Reich. Probleme-Ereignisse-Gestalten*（Frankfurt am Main 1984）

Gruchmann, Lothar: *Georg Elser: Autobiographie eines Attentäters*（Stuttgart 1989、新版）

Janßen, Karl-Heinz: *30. Januar-Der Tag, der die Welt veränderte*（Rastatt 1988）

Majer, Gerhard: *Schorsch-Der Attentäter aus dem Volk*（Heidenheim、刊行年なし）（戯曲の絵コンテ集）

Peters, Lothar: *Der Hitler-Attentäter Georg Elser. Eine biographische Studie*（Köln 1987）（未発表原稿、ケルン大学哲学部歴史ゼミ）

Roon, Ger van: *Widerstand im Dritten Reich*（München 1987、改訂新版）

Rürup, Reinhard（Hrsg.）: *Topographie des Terrors. Gestapo, SS und Reichssicherheitshauptamt*

auf dem 》Prinz-Albrecht-Gelände《-Eine Dokumentation（Berlin 1987）
Tuchel, Johann/ Schattenfroh, Reinhold: *Zentrale des Terrors. Prinz-Albrecht-Str. 8: Hauptquartier der Gestapo*（Berlin 1987）
Zahl, Peter Paul: *Johann Georg Elser: Ein deutsches Drama*（Berlin 1982）

本書は次の映像作品からも示唆を得ている。

Rainer Erler 監督のテレビドラマ『*Der Attentäter*（暗殺者）』(Bavaria Film GmbH, München 1969)

具体的には以下の出典から引用したり、描写や叙述の参考としたりした。章ごとに紹介したい。

第1章

描写の元になっているのは税関吏クサーヴァー・R の 1950 年 10 月 23 日の証言である。ミュンヘン現代史研究所（IfZ)、分類番号 ZS/ A 17–30 を参照。

第2章

1936 年 11 月 8 日のヒトラー演説および目撃者の証言は Domarus による前掲書 *Hitler* による。1923 年 11 月 8 日のミュンヘンの出来事についての描写は Hermann Wilhelm の論考 *Der Hitlerputsch*（Ulrike Albrecht 編 *Das Attentat* に所収）による。典拠として Davidson, *Wie war Hitler möglich?* も使用した。

第3章

多くの部分が退役巡査部長 Otto G の証言（IfZ, 分類番号 ZS/ A 17–11）に基づいている。ウェイトレス Maria S の証言も IfZ ミュンヘンに保管されている。

第4章

1939 年 11 月 9 日付「ミュンヘン最新報」からの引用箇所は「ツァイト」誌（No. 46/ 1979）によるものである。ただし「ドイツ報道局」の報道のみは IfZ（分類番号 ZS/ A 17–6）に基づいている。「内政状況に関する報告書」は IfZ ミュンヘン（分類番号 ZS/ A 17–5）を参照のこと。内政についての概観は外国プレスの報道と同様、Ulrike Albrecht 著 *Das Attentat* の記述を要約したものである。

第5章

尋問の描写は 1964 年 5 月 3 日の「シュテルン」誌のレポート *Der Attentäter* に基づいている。家主女性の証言も同様である。オットー・シュトラッサーとゲオル

ク・エルザーの接触に関する推測は Lothar Peters 著 *Der Hitler-Attentäter Georg Elser* からヒントを得ている。

第6章

ゲシュタポの拷問方式については Johannes Tuchel と Reinhold Schattenfroh の共著 *Zentrale des Terrors* に記載がある。ゲオルク・エルザーの母に対する 1950 年 6 月 19 日付の尋問調書は IfZ ミュンヘン（分類番号 ZS-A 17–9）に保管されており、抜粋を紹介した弟レオンハルトの供述も同所（同 ZS/ A 17–8）にある。

第7章

部分的に引用したゲオルク・エルザーの供述はすべて、尋問調書の写しからのものである。これは「国家機密案件」として NS 司法省の文書ファイルに収められていたが、その後、コブレンツの連邦公文書館に保管された（分類番号 R22/ 3100）。本書中で使用したゲシュタポでのゲオルク・エルザーの供述は、1939 年 11 月 19 日から 11 月 23 日までのもので、これが初めて完全な形で公開されたのは Lothar Gruchmann の著作 *Autobiographie eines Attentäters*（Stuttgart 1970）においてである。同書の新版は 1989 年に刊行されている。エルザーの家族の尋問調書からの引用はすべて、現代史研究所の膨大なアーカイブ資料からの抜粋である（分類番号 ZS/ A–17）。1978 年まで IfZ アーカイブの研究員で同館の館長を務めた歴史家アントン・ホッホ（Anton Hoch）は、長年にわたりゲオルク・エルザーをテーマとする調査を行い、入手可能なすべての文書資料および証人の尋問調書を収集してきた。ゲオルク・エルザーという人物が忘却の淵に沈まなかったのは、彼、アントン・ホッホの功績である。

第8章

1924 年 9 月 15 日付のランツベルク刑務所長の見解は Joachim C. Fest の浩瀚なヒトラー本からの抜粋である。刑務所の状況についての記述は、1989 年 4 月 15 日付の南ドイツ新聞に掲載された Otto Gritschneder の論考 *Bewährungsfrist für den Terroristen Adolf H.*（テロリスト、アドルフ・H の執行猶予）、ならびにランツベルク刑務所でのヒトラーの収監状況を描いた寄稿》*Von guter Selbstzucht und Beherrschung*（主体的鍛錬と自制心）（「シュピーゲル」誌、Nr. 16/ 1989）に基づいている。

第9章

1933 年 1 月 30 日の権力掌握についての記述は、Karl-Heinz Janßen のリポート *30. Januar–Der Tag, der die Welt veränderte*（1 月 30 日、世界を変えた日）による。ゲオルク・エルザーが 1934 年 7 月 2 日から 11 月 17 日まで、さらに 1935 年 6 月 2 日から

9月21日まで働いた家具工房の親方 Friedrich G の証言も、IfZ アーカイブ（分類番号 ZS/ A 17–12）からの抜粋である。誓いの言葉は Joachim C. Fest の前掲書 *Hitler* からの引用。

第10章

採石場のオーナー V が主張した「陰謀説」は、連載記事「*Der Attentäter*（暗殺者）」（「シュテルン」誌 1964年5月3日号および5月17日号）によっても広められた。記者たちは当時、ケーニヒスブロン出身で1920年代にスイスに移住したカール・クーフを暗殺未遂の首謀者とした。1933年以降は外貨の密輸を生業としていたという噂があり、1939年の精霊降誕祭に夫人ともども不可解な交通事故死を遂げたクーフは、ヒトラーの敵であり、エルザーと親交があったとされる。この大雑把な推測は、その後、歴史家のアントン・ホッホにより徹底的に論破された。

第11章

ポーランド侵攻を宣言したヒトラーのライヒ議会演説（1939年9月1日）は論集 *Chronik 1939*（Dortmund 1988）による。

第12章

ベルリンの描写は税関吏クサーヴァー・R の証言（IfZ、分類番号 ZS/ A 17–30）に基づいている。

第13章

ダッハウ強制収容所の様々な数値データおよび背景となる事情は、Ernst Antoni 著 *KZ-Von Dachau bis Auschwitz* に基づいている。SS 看守 L のキャリアはシュテルン誌イラスト版の調査資料によるものである。これは前掲のシュテルンシリーズの一環として作成されたもので、エルザー資料との関連で IfZ に保管されている。

エピローグ

ヒトラー、NS 時代、およびその帰結についてのアンケートは「シュピーゲル」誌（Nr. 15, 1989）に掲載された。エルザー当人を抵抗の戦士と論ずることに関しては、Claus Leggewie の寄稿 *Der Mann, der es tat*（行動に移した男）（Frankfurter Rundschau 誌、1982年2月20日に所収）を参照されたい。本書でもその一部を引用している。

インタビューでの情報提供と資料の閲覧、貴重な助言に対し、以下の方々に感謝いたします。

—フランクフルト・アム・マイン市の登録団体「1933–1945 ドイツ抵抗史研究・伝達委員会」
—ミュンヘンの現代史研究所
—ハイデンハイムのゲオルク・エルザー研究会のゲルハルト・マイヤー氏とゲルトルート・シェードラーさん
—ハンブルクの「ツァイト」紙アーカイブ
—ケーニヒスブロンのレオンハルト・エルザー氏
—ケーニヒスブロンのオイゲン・ラウ氏
—入念なテキスト処理をして頂いたダルムシュタットのガブリエレ・ゲットマンさん

最後に以下のインターネットサイトも紹介したい。

www.georg-elser.de

連邦政治教育センターとドイツ抵抗記念館による情報量の多い資料サイト。

www.georg-elser-arbeitskreis.de

おそらく最も包括的なゲオルク・エルザー関連の資料庫で、頻繁に更新されている。

訳者略歴

須藤正美（すとう・まさみ）

一九五六年生まれ。東京都立大学人文学部博士課程単位取得満期退学。ドイツ文学、特にカフカをはじめとするユダヤ系文学者の作品、ドイツ人とユダヤ人の関係史などを研究。早稲田大学（二〇一〇年まで）、中央大学、明治大学、慶應義塾大学（現在に至る）などで講師を務める傍ら、文芸・実務翻訳に従事。主な訳書に『カフカのプラハ』（水声社）、『国家が人を殺すとき　死刑を廃止すべき理由』（日本評論社）、『ヒトラーの裁判官　フライスラー』、『ヒトラーとドラッグ』、『あるヒトラーユーゲント団員の日記　1928—35』（以上、白水社）他がある。

ヒトラー爆殺未遂事件1939

「イデオロギーなき」暗殺者ゲオルク・エルザー

二〇二三年一一月一日 印刷
二〇二三年一一月二五日 発行

著者　ヘルムート・オルトナー
訳者 ©　須藤正美
装丁者　日下充典
発行者　及川直志
印刷所　株式会社理想社
発行所　株式会社白水社

東京都千代田区神田小川町三の二四
電話　営業部〇三（三二九一）七八一一
　　　編集部〇三（三二九一）七八二一
振替　〇〇一九〇-五-三三二二八
郵便番号　一〇一-〇〇五二
www.hakusuisha.co.jp

乱丁・落丁本は、送料小社負担にてお取り替えいたします。

株式会社松岳社

ISBN978-4-560-09473-0

Printed in Japan